1

Tabla de contenido

5

8

evangelio de la libertad

Poner fin a la trata de personas en nuestro tiempo

por

Dr. ant

Aunque el autor y el editor han hecho todo lo posible para garantizar que la información contenida en este libro sea correcta al momento de la publicación, el autor y el editor no asumen y por la presente renuncian a cualquier responsabilidad ante ninguna parte por cualquier pérdida, daño o interrupción causada por errores o omisiones, ya sea que dichos errores u omisiones resulten de negligencia, accidente o cualquier otra causa.

Esta publicación está diseñada para proporcionar información precisa y autorizada con respecto al tema cubierto. Se vende en el entendido de que la editorial no se dedica a prestar servicios profesionales. Si se requiere asesoramiento legal u otra asistencia de expertos, se deben buscar los servicios de un profesional competente.

El hecho de que en este trabajo se haga referencia a una organización o sitio web como una cita y/o una fuente potencial de información adicional no significa que el autor o el editor apruebe la información que la organización o el sitio web pueda proporcionar o las recomendaciones que pueda hacer.

Recuerde que los sitios web de Internet enumerados en este trabajo pueden haber cambiado o desaparecido entre el momento en que se escribió este trabajo y el momento en que se leyó.

11

Evangelio de la libertad: Poner fin a la trata de personas en nuestro tiempo

Contenido

Introducción: El llamado a poner fin a la trata de personas

La trata de personas, una grave violación de la dignidad y la libertad humanas, exige un llamado urgente a la acción. Es una forma moderna de esclavitud que atrapa a millones de personas en todo el mundo, incluso dentro de las fronteras de Estados Unidos. Esta introducción tiene como objetivo iluminar la oscuridad que rodea este tema crucial, reuniendo a una audiencia diversa (católicos romanos devotos, profesores universitarios, agentes del orden, políticos, abogados y defensores de la vida) para unirse en una causa común. Nuestro objetivo es exponer los horrores de la trata de personas en Estados Unidos e impulsar un movimiento colectivo hacia su erradicación, ofreciendo formas efectivas para que todos se involucren y contribuyan a poner fin a este flagelo.

La trata de personas, en su forma más diabólica, despoja a las personas de sus derechos humanos inherentes, sometiéndolas a explotación laboral, servidumbre sexual o ambas. Este nefasto crimen se esconde a plena vista y afecta a nuestras comunidades, pueblos y ciudades. Se aprovecha de los vulnerables, explota sus debilidades y ofrece falsas promesas de esperanza y empleo. La complejidad y la clandestinidad de las operaciones de trata de personas requieren un enfoque sofisticado y multidimensional para combatirlas eficazmente. Nuestro discurso busca inspirar un sentido de responsabilidad y acción entre todos los segmentos de la sociedad, guiados por un profundo respeto por la dignidad humana que se encuentra en el corazón de nuestra brújula moral y ética (Bigio y Vogelstein, 2021).

La magnitud de la trata de personas en Estados Unidos es alarmante: miles de personas caen víctimas de sus garras cada año. A pesar de los importantes esfuerzos para combatir este problema, este problema persiste y se vuelve más insidioso a medida que los traficantes evolucionan sus métodos. Esto exige una perseverancia e innovación incesantes en nuestras estrategias, aprovechando el poder de la colaboración entre diversos sectores de la sociedad. La educación, la concientización y la vigilancia pueden servir como herramientas poderosas para identificar y rescatar a las víctimas, y al mismo tiempo prevenir posibles situaciones de trata antes de que ocurran.

La Iglesia católica, entre otras, ha defendido durante mucho tiempo la causa de los oprimidos y los que no tienen voz. Sus enseñanzas y tradiciones ofrecen una perspectiva única sobre la trata de personas, arraigada en la santidad de la vida humana y el imperativo de amar y servir al prójimo. Al integrar reflexiones teológicas con acciones prácticas, la Iglesia puede desempeñar un papel fundamental en la movilización de las comunidades y la sensibilización sobre este tema. Su red e influencia pueden apoyar significativamente los esfuerzos más amplios para desmantelar las redes de trata y brindar consuelo y rehabilitación a las víctimas.

La legislación, tanto a nivel federal como estatal, sirve como marco fundamental para abordar la trata de personas. Sin embargo, las leyes por sí solas son insuficientes si no se aplican rigurosamente y se complementan con políticas que aborden las causas fundamentales de la trata, como la pobreza, la desigualdad y la demanda de mano de obra y servicios sexuales objeto de trata. La promoción de leyes más sólidas y completas, junto con los esfuerzos para garantizar su implementación, es crucial para una respuesta sólida contra la trata.

La identificación de las víctimas de la trata está plagada de desafíos, dada la naturaleza encubierta de estos delitos. Las víctimas suelen sufrir en silencio, ya sea por miedo, coerción o identificación errónea. La capacitación de las fuerzas del orden, los profesionales de la salud, los educadores y otros trabajadores de primera línea es vital para reconocer los signos de la trata y proporcionar un salvavidas a quienes quedan atrapados en ella (Campbell y Zimmerman, 2017).

Las organizaciones, tanto seculares como religiosas, desempeñan un papel decisivo en la lucha contra la trata de personas. Su trabajo de sensibilización, apoyo a las víctimas y promoción de cambios de políticas encarna la respuesta multifacética necesaria para combatir la trata. Al destacar sus esfuerzos y fomentar el apoyo público a sus iniciativas, podemos amplificar el impacto de su invaluable trabajo.

Esta introducción, y el libro que la precede, pretenden servir como un faro de esperanza y un llamado a la acción. A través de una combinación de análisis científico, persuasión retórica y empatía bíblica, busca captar el corazón y la mente del lector. La lucha contra la trata de personas no es responsabilidad exclusiva de las fuerzas del orden o de los formuladores de políticas; es una obligación moral colectiva que requiere que cada uno de nosotros contribuya a una sociedad más justa y compasiva.

A medida que avanzamos, recordemos que la trata de personas no es una cuestión abstracta: involucra a personas reales con dignidad inherente. La búsqueda para poner fin a la trata no es sólo una lucha contra un delito, sino un voto solemne de defender el valor de cada vida humana. Juntos, armados de conocimiento, fe y determinación colectiva, podemos forjar un camino hacia la libertad para todos.

Dejemos que este libro, y los esfuerzos de colaboración que inspira, sirvan como testimonio de nuestra humanidad compartida y nuestro compromiso duradero de liberar a los cautivos, proteger a los vulnerables y curar a los heridos. Al hacerlo, nos hacemos eco del llamado a la justicia que resuena en cada corazón humano, obligándonos a actuar en la búsqueda de un mundo libre de las cadenas de la trata de personas.

Comprender la trata de personas en Estados Unidos

La trata de personas, una grave violación de los derechos humanos, prospera en las sombras de la sociedad estadounidense. Es una cuestión que refleja el abismo más profundo de la decadencia moral, que atrapa a miles de personas, las priva de su libertad y las somete a la explotación. En esencia, la trata de personas es un fenómeno complejo que manipula y aprovecha las vulnerabilidades humanas para obtener ganancias. Al definir la trata de personas, es esencial reconocer su naturaleza multifacética, que abarca el trabajo forzoso, la explotación sexual y la servidumbre (Departamento de Seguridad Nacional de EE. UU., 2019). Esta definición proporciona una base para abordar la cuestión, reconociendo que cualquier persona, independientemente de su edad, género u origen, puede convertirse en víctima bajo ciertas condiciones coercitivas y engañosas.

El alcance de la trata de personas en Estados Unidos es vasto y profundamente preocupante. Es un problema generalizado que se extiende a todos los estados, y cada región enfrenta sus desafíos y patrones de trata únicos. Las estadísticas ofrecen una visión escalofriante de la magnitud del problema, con miles de casos de trata reportados anualmente a la Línea Directa Nacional contra la Trata de Personas. Sin embargo, es probable que estas cifras representen solo una fracción del total de incidentes, ya que muchos casos no se denuncian o no se detectan debido a la naturaleza oculta e insidiosa de las actividades de trata (Proyecto Polaris, 2020). Al comprender el alcance del problema, con un enfoque particular en las estadísticas estado por estado, las partes interesadas pueden adaptar sus intervenciones y estrategias para abordar las necesidades y dinámicas específicas de sus comunidades.

Abordar la trata de personas en Estados Unidos exige un esfuerzo concertado de todos los sectores de la sociedad. Las fuerzas del orden, los formuladores de políticas, los educadores, los profesionales de la salud y la comunidad en general tienen papeles cruciales que desempeñar en la lucha contra este flagelo. El llamado a la acción es claro: no se trata sólo de crear conciencia sino también de implementar medidas prácticas y efectivas para prevenir la trata, proteger a las víctimas y procesar a los perpetradores. Requiere un enfoque multifacético que combine una legislación estricta, sistemas integrales de apoyo para los sobrevivientes y, fundamentalmente, un compromiso social para erradicar la demanda que alimenta las redes de trata (Departamento de Estado de EE. UU., 2020). En este esfuerzo colectivo, cada acción, por pequeña que sea, contribuye a la lucha más amplia contra la trata de personas, forjando un camino hacia la libertad y la dignidad para todos.

Definición de trata de personas

En la búsqueda de iluminar el grave problema de la trata de personas dentro del entramado de la sociedad estadounidense, es fundamental destilar una definición clara y completa del término. La trata de personas, en esencia, es una grave violación de los derechos humanos, caracterizada por la explotación de personas mediante coerción, engaño o fuerza con fines laborales, explotación sexual o ambas. Este fenómeno multifacético trasciende la mera actividad criminal y se incrusta en los nervios mismos de los marcos sociales, económicos y culturales (Bales et al., 2005). A diferencia del comercio de bienes, este comercio insidioso se ocupa de vidas, despojando a las víctimas de su dignidad, autonomía y libertad, reduciéndolas a meras mercancías en un mercado impulsado por la demanda y las ganancias (Departamento de Estado de Estados Unidos, 2020). Esta explotación no se limita a las sombras sino que prolifera al aire libre, y su ubicuidad es un testimonio de los imperativos de vigilancia, educación y acción. El imperativo moral de combatir la trata de personas no es competencia exclusiva de las fuerzas del orden o de las entidades políticas, sino un llamado universal al que todos los segmentos de la sociedad deben responder. La odisea hacia la erradicación de este flagelo comienza con la comprensión de sus fundamentos, fomentando un entorno en el que cada individuo sea visto no como una mercancía potencial, sino como un portador inviolable de dignidad y derechos (Organización Internacional del Trabajo, 2017).

Formas de trata de personas En el esfuerzo por analizar la cuestión multifacética de la trata de personas, es fundamental reconocer sus diversas manifestaciones. La trata de personas, una grave plaga para la humanidad, se transforma para explotar a individuos en diferentes sectores, lo que lleva a un espectro de abuso y explotación. Este capítulo busca iluminar las diversas formas de trata que ensombrecen a nuestras comunidades, llamando a una respuesta unida e informada.

En esencia, la trata de personas es el acto de coaccionar, obligar o engañar a personas a situaciones de explotación para beneficio del traficante. Esta explotación puede manifestarse de innumerables maneras, cada una con sus características y desafíos distintos. Si bien la mayoría de los debates sobre la trata de personas giran en torno al tráfico sexual, el tráfico laboral es igualmente generalizado y pernicioso. Las víctimas de la trata laboral a menudo quedan atrapadas en entornos laborales donde son explotadas por su trabajo, recibiendo poca o ninguna compensación y viviendo en condiciones inhumanas.

El tráfico sexual, una forma que ha atraído mucha atención, implica la explotación de personas mediante coerción, fuerza o engaño para realizar actos sexuales comerciales. Esta forma de trata se aprovecha de las vulnerabilidades de sus víctimas, empleando a menudo manipulación psicológica junto con el control físico para mantener el cumplimiento (Litam, 2017).

La trata de niños, una forma especialmente atroz, implica la explotación de niños para diversos fines, como trabajo, mendicidad, participación en conflictos armados y tráfico sexual. La trata de niños es un problema mundial, en el que diversas culturas y sistemas económicos perpetúan la demanda de trabajo infantil explotado y la explotación sexual (Beryer, 2004).

El matrimonio forzado, aunque a menudo se pasa por alto, es una forma de trata en la que se obliga a las personas a casarse contra su voluntad. Esta práctica no sólo priva a las personas de su autonomía sino que también las somete a una vida de servidumbre y, en muchos casos, a la explotación sexual y la violencia doméstica.

La servidumbre por deudas, otra forma prevalente, atrapa a las personas en un ciclo de deuda que resulta imposible de pagar. Los trabajadores son obligados a trabajar por poco o ningún salario, con la promesa de una eventual libertad que permanece perpetuamente fuera de su alcance. Esta forma de explotación es particularmente común en sectores con importantes demandas laborales y poca supervisión regulatoria.

La trata de personas también se extiende al reclutamiento forzado de niños y adultos en conflictos armados, una práctica que devasta comunidades y perpetúa ciclos de violencia y explotación.

El tráfico de órganos, aunque se habla menos comúnmente, representa un rincón oscuro de la trata de personas donde los individuos son explotados por sus órganos, que se venden en el mercado negro para trasplantes. Las víctimas de esta forma de trata a menudo son engañadas o obligadas a someterse a cirugías para extraer órganos o son directamente secuestradas y mutiladas (Bowden, 2013).

La era digital también ha dado paso a nuevas formas de explotación, en las que los traficantes aprovechan la tecnología para explotar y controlar a las víctimas. El tráfico cibernético implica el uso de plataformas digitales para reclutar, explotar o vender acceso a víctimas para diversas formas de explotación, incluida la explotación sexual y el trabajo forzoso.

Más allá de estas formas, la trata de personas se manifiesta de maneras diversas y cambiantes, respondiendo y explotando las condiciones socioeconómicas, las situaciones de conflicto y los avances tecnológicos. La complejidad de las formas de trata subraya la necesidad de una respuesta multifacética y adaptable para combatir eficazmente este flagelo.

Para combatir estas diversas formas de trata, es esencial fomentar un entendimiento integral entre todos los sectores de la sociedad. La educación, la aplicación de la ley, los marcos legales y la participación comunitaria deben armonizarse en un esfuerzo concertado para desmantelar las estructuras que permiten la trata de personas.

Los imperativos morales y éticos para combatir la trata de personas resuenan con las enseñanzas centrales de diversas tradiciones religiosas, que abogan por la protección y la dignidad de cada ser humano. Involucrar a las comunidades religiosas en la lucha contra la trata puede amplificar los esfuerzos para crear conciencia, apoyar a las víctimas y desafiar las normas sociales que permiten que florezca la explotación (Lee, 2013).

Finalmente, la colaboración entre entidades nacionales y globales es crucial para abordar las dimensiones internacionales de la trata de personas. Las redes de tráfico a menudo trascienden las fronteras, lo que requiere una respuesta internacional orquestada para desbaratar eficazmente estas actividades criminales.

En conclusión, la batalla contra la trata de personas exige una comprensión matizada de sus diversas formas. Al arrojar luz sobre las oscuras realidades de la explotación y unirse como un frente unido, la sociedad puede esforzarse por erradicar esta plaga y restaurar la dignidad y la libertad de sus innumerables víctimas. La tarea es formidable, pero la determinación colectiva puede allanar el camino hacia un futuro en el que la trata de personas quede relegada a los anales de la historia.

El alcance del problema

El crecimiento maligno de la trata de personas en Estados Unidos es un flagelo contemporáneo que refleja las facetas más oscuras de nuestra sociedad y requiere una introspección profunda y colectiva. Este vil comercio, ingeniosamente envuelto en las sombras de la legalidad y las transacciones cotidianas, ha atrapado a innumerables almas, dejando un rastro de desesperación y degradación a su paso. La magnitud de esta crisis, aunque desalentadora, no es insuperable, y los estudios revelan una alarmante proliferación de casos en todos los estados, lo que pinta un panorama preocupante de la omnipresencia de este problema. Es imperativo reconocer que detrás de estas frías estadísticas hay seres humanos atrapados en un ciclo implacable de explotación y sufrimiento, lo que subraya la necesidad urgente de un enfoque sólido y multidimensional destinado a erradicar esta plaga entre nosotros. Un conmovedor análisis de (Gozdziak y Collett, 2005) arroja luz sobre la sombría realidad, revelando un aumento sustancial en los casos de trata identificados, corroborando la naturaleza insidiosa y el creciente alcance de este problema dentro de las fronteras estadounidenses. Al mismo tiempo, el estudio integral del Proyecto Polaris (2020) delinea el nexo multifacético de las redes de trata, enfatizando aún más la necesidad crítica de realizar esfuerzos concertados para desmantelar estas estructuras opresivas. Mientras navegamos a través de este atolladero, dejémonos guiar por nuestra brújula moral, fortalecidos por la evidencia empírica y galvanizados por nuestra determinación colectiva de restaurar la dignidad y la justicia a los afligidos.

Estadísticas estado por estado A medida que pasamos de comprender el alcance más amplio de la trata de personas en Estados Unidos, es crucial ampliar nuestra visión hacia una visión más granulada, que revele la desgarradora variabilidad y prevalencia de este flagelo en todos los estados. Cada estado, con su marco legislativo, demográfico y condiciones económicas únicos, presenta una faceta diferente del dilema de la trata de personas. Las estadísticas en las que estamos a punto de profundizar no son sólo números, sino que representan a seres humanos atrapados en situaciones de explotación contra su voluntad.

Para comenzar, consideremos a California, a menudo citada por su alta incidencia de trata de personas debido a su vasta economía, su importante población inmigrante y su condición de estado fronterizo. Según la Línea Directa Nacional contra la Trata de Personas, California reporta constantemente el mayor número de casos de trata de personas en los EE. UU. (Tillyer et al., 2023). Estos casos abarcan trata sexual y laboral, lo que subraya la naturaleza multifacética de las operaciones de trata dentro del estado.

Pasando a Texas, otro estado fronterizo, la narrativa es igualmente sombría. Texas se beneficia y sufre debido a su extensa frontera con México, un factor que complica la dinámica del tráfico en el estado. Las diversas industrias de Texas, incluidas la agricultura y la construcción, son sectores comúnmente asociados con el tráfico laboral. Los centros urbanos del estado, como Houston y Dallas, son centros importantes para el tráfico sexual (Winterdyk et al., 2011).

Por el contrario, en estados más pequeños como New Hampshire, el problema de la trata de personas puede parecer menos pronunciado, pero sigue siendo igualmente maligno. New Hampshire, debido a su ubicación, sirve como estado de tránsito para las rutas de tráfico en el. En este caso, la escala puede ser menor, pero el impacto en las vidas individuales es profundo y devastador.

Avanzando hacia el sureste, Florida emerge como otro punto crítico de interés debido a su industria turística, que desafortunadamente proporciona un pretexto para que los traficantes exploten a personas vulnerables. Los casos de trata en Florida a menudo resaltan la brutal realidad del tráfico sexual en zonas turísticas, junto con casos significativos de tráfico de mano de obra en la agricultura (Brenner, 2006).

En el Medio Oeste, estados como Illinois ejemplifican la dimensión urbana de la trata de personas. Chicago, como área metropolitana importante, atrae a un número significativo de víctimas de trata de personas a operaciones sexuales comerciales y escenarios de trabajo forzado. Estos casos a menudo involucran redes complejas que explotan a víctimas tanto nacionales como internacionales.

El variado panorama de la trata de personas en los estados ilustra claramente que este no es un problema limitado a una sola región o grupo demográfico en Estados Unidos. Es omnipresente y llega a todos los rincones del país, desde zonas rurales hasta ciudades bulliciosas. Esta distribución geográfica no sólo subraya la complejidad de combatir la trata, sino que también ilustra la adaptabilidad de los traficantes para explotar las discrepancias socioeconómicas y legislativas entre estados.

Además, las estadísticas apuntan hacia una preocupante tendencia a la subregistro y falta de identificación. Muchas víctimas no se presentan y muchos testigos no reconocen los signos de la trata o no saben cómo ayudar. Esta brecha obstaculiza significativamente los esfuerzos para brindar justicia y apoyo a las víctimas, enfatizando la necesidad de una mejor educación pública y esfuerzos de identificación más fuertes por parte de las autoridades.

Además, las estadísticas resaltan la importancia de los marcos legales y los recursos a nivel estatal dedicados a combatir la trata de personas. Si bien las leyes federales proporcionan una base, la efectividad de los esfuerzos contra la trata a menudo depende de qué tan bien los estados puedan implementar, hacer cumplir y mejorar estas leyes, adaptando las intervenciones a sus perfiles específicos de trata.

Es importante destacar que estas estadísticas deberían servir no sólo como medida de la enormidad del problema sino también como catalizador para la acción. Comprender los distintos desafíos y tendencias dentro de cada estado puede ayudar a diseñar estrategias específicas que aborden la dinámica de la trata local de manera efectiva (Tillyer et al., 2023).

Además, esta mirada granular a las estadísticas estatales exige un enfoque multidisciplinario para combatir la trata de personas. La colaboración entre las fuerzas del orden, los sectores legales, los servicios sociales y las comunidades es fundamental para desmantelar las redes de trata y apoyar a las víctimas. La posición única de cada estado exige una combinación personalizada de servicios de aplicación de la ley, prevención y apoyo a las víctimas.

Por último, no se puede subestimar el papel de la comunidad a la hora de identificar y detener la trata de personas. La vigilancia pública, respaldada por campañas de educación y sensibilización, puede perturbar significativamente las operaciones de trata. Las comunidades informadas sobre los problemas específicos de trata de su estado están mejor equipadas para proteger a las poblaciones vulnerables y ayudar a las víctimas.

En conclusión, mientras examinamos las estadísticas estado por estado, recordemos la urgencia y la responsabilidad que tenemos en la erradicación de la trata de personas. Ningún Estado es inmune y ningún individuo está demasiado distante para marcar la diferencia. Es a través de nuestros esfuerzos combinados, informados por las realidades iluminadas por estas estadísticas, que podemos esperar desmantelar las cadenas de la esclavitud moderna.

Capítulo 2: La perspectiva católica sobre la trata de personas

La fe católica, profundamente arraigada en la santidad de la dignidad humana y los fundamentos morales de la sociedad, enfrenta el pecado atroz de la trata de personas como una grave violación del orden creado por Dios. Este capítulo profundiza en las consideraciones teológicas y las respuestas pastorales de la Iglesia Católica a la trata de personas, sustentando la indignación moral contra este crimen con un marco teológico riguroso (Pati, 2014). En esencia, las enseñanzas de la Iglesia posicionan la trata de personas como una afrenta a la dignidad inherente de la persona humana, creada a imagen de Dios. Articula un llamado a la acción para los fieles, aprovechando la extensa red de la Iglesia para movilizar recursos, brindar apoyo a los sobrevivientes y participar en actividades de promoción para erradicar la trata. La Santa Sede ha condenado sistemáticamente la trata, respaldado los esfuerzos internacionales e instado a las naciones a proteger a los vulnerables (Consejo Pontificio para la Justicia y la Paz, 2004). Este capítulo no sólo examina los documentos eclesiales y las encíclicas papales que articulan la postura de la Iglesia, sino que también destaca el compromiso activo y las iniciativas lideradas por las organizaciones católicas. El esfuerzo colectivo de la Iglesia, desde la reflexión teológica hasta la acción práctica, refleja el llamado del Evangelio a "liberar a los oprimidos" (Isaías 58:6), encendiendo un rayo de esperanza en medio de la oscuridad de la explotación y la esclavitud. Al hacerlo, la perspectiva católica enriquece el discurso más amplio sobre la trata de personas, proporcionando un marco moral y ético sólido para comprender y combatir este problema generalizado.

Reflexiones Teológicas

La perspectiva católica sobre la trata de personas se entrelaza intrincadamente con profundas convicciones teológicas sobre la dignidad inherente de cada ser humano. Esta creencia, arraigada en las Escrituras y la Tradición, obliga a hacer un llamado a la acción contra los males de la trata de personas, que constituye una grave violación de esta dignidad. Esta sección explora estos fundamentos teológicos y reflexiona sobre cómo informan la respuesta de la Iglesia a la difícil situación de millones atrapados en la esclavitud moderna.

En el corazón de la enseñanza católica está la imago Dei, la creencia de que cada persona está hecha a imagen y semejanza de Dios (Génesis 1:27). Este concepto fundamental sustenta el compromiso inquebrantable de la Iglesia de defender la dignidad humana. En el contexto de la trata de personas, esto significa reconocer a cada víctima como un querido hijo de Dios, no simplemente como una estadística o un estudio de caso. La degradación y el sometimiento que soportan las personas objeto de trata son afrentas no sólo a su dignidad sino también al Creador que se la otorgó.

Los mandatos bíblicos de proteger a los vulnerables y buscar justicia para los oprimidos alimentan aún más la determinación de la Iglesia. Pasajes como Proverbios 31:8-9 exhortan a los creyentes a "hablar por los que no pueden hablar por sí mismos, por los derechos de todos los indigentes. Hablar y juzgar con justicia; defender los derechos de los pobres y necesitados". A la luz de tales enseñanzas, la apatía o la inacción frente a la trata de personas nunca pueden justificarse dentro de un marco católico.

La parábola del buen samaritano (Lucas 10:25-37) es un testimonio poderoso del llamado a la misericordia y al amor al prójimo. En esta narrativa, Jesús ilustra que nuestro prójimo es cualquier persona necesitada, incluidos aquellos atrapados en situaciones de explotación y abuso. Esta parábola desafía a los católicos a ver el rostro de Cristo en las víctimas de la trata y a brindar compasión y asistencia sin vacilación ni prejuicios.

La Iglesia Católica también recurre a su rica vida sacramental y litúrgica para lamentar la tragedia de la trata de personas e interceder por sus víctimas. A través de misas, oraciones y vigilias dedicadas a esta causa, se recuerda a los fieles su responsabilidad de combatir este flagelo y orar por la liberación y curación de los afectados.

La doctrina social, resumida en encíclicas papales como Rerum Novarum y Caritas in Veritate, proporciona una capa adicional de conocimiento teológico. Estos documentos abogan por la justicia, la solidaridad y la protección de los derechos de los trabajadores, temas profundamente relevantes para la lucha contra la trata. El

Papa Francisco, en particular, ha expresado su opinión sobre el imperativo moral de enfrentar la esclavitud moderna, enfatizando que esta batalla es parte integral del mensaje del Evangelio de libertad y redención (Eliasaputra et al., 2022).

El concepto de bien común, otra piedra angular de la enseñanza social católica, impulsa la acción colectiva contra la trata de personas. Sugiere una sociedad donde las condiciones permitan a los individuos alcanzar su realización más plena y fácilmente, condiciones claramente negadas por la trata de personas. Por lo tanto, trabajar para erradicar la trata no consiste sólo en ayudar a las víctimas individuales sino en fomentar un mundo más justo y humano para todos.

La teología moral, con su énfasis en la conciencia y la toma de decisiones morales, alienta a los católicos a considerar su complicidad, aunque sea indirecta, en los sistemas que perpetúan la trata. Esto podría implicar reflexionar sobre los hábitos de consumo, defender leyes justas o participar en iniciativas que apoyen prácticas laborales éticas.

La visión de la Iglesia sobre la escatología, o la teología de las últimas cosas, ofrece la esperanza de que el mal no tendrá la última palabra. Frente a la magnitud a menudo abrumadora de la trata de personas, esta esperanza alimenta la perseverancia en la larga y ardua lucha contra ella. Les asegura a los fieles que sus esfuerzos se siembran en el terreno fértil de la promesa de Dios de una creación redimida donde la justicia y la paz finalmente prevalecerán.

Esta reflexión teológica sobre la trata de personas cristaliza en un claro llamado a la acción para los católicos. Les llama a abogar por la justicia, brindar apoyo a los sobrevivientes, educarse a sí mismos y a otros, y orar fervientemente por el fin de este crimen atroz.

Además de estas respuestas espirituales y morales, existe la necesidad de un compromiso práctico. La extensa red de organizaciones benéficas, instituciones educativas y grupos de defensa de la Iglesia la posiciona de manera única para liderar y apoyar iniciativas contra la trata. Desde brindar refugio y servicios de rehabilitación a los sobrevivientes hasta ejercer presión para que se apliquen leyes más estrictas, los católicos están llamados a estar al frente de esta lucha (Campbell y Zimmerman, 2014).

En última instancia, la reflexión católica sobre la trata de personas es un recordatorio de que esta batalla no es sólo política, económica o social: es fundamentalmente una lucha espiritual contra un mal profundo. Exige una respuesta que sea acorde con el llamado cristiano a amar a Dios y al prójimo en todas las circunstancias, particularmente cuando están en juego la dignidad y la libertad de los más vulnerables.

La lucha contra la trata de personas se convierte, entonces, en una expresión tangible de la misión de la Iglesia en el mundo. Es una manera concreta en la que los católicos viven su fe, dan testimonio de los valores del Evangelio y contribuyen a la construcción del Reino de Dios aquí en la tierra. Participar en esta lucha no es opcional; es una parte esencial de lo que significa seguir a Cristo en el mundo actual (Eliasaputra et al., 2022).

En conclusión, el enfoque católico hacia la trata de personas está arraigado en una profunda visión teológica que obliga tanto a la reflexión como a la acción. Es un llamado a ver el rostro de Cristo en los que sufren y a escuchar el Evangelio como mandato para llevar la libertad a los cautivos. En un mundo manchado por el pecado de la trata, la voz y las acciones de la Iglesia son faros vitales de esperanza que guían los esfuerzos para restaurar la dignidad, la justicia y la paz para los más marginados entre nosotros.

Las enseñanzas y respuestas de la Iglesia

Dentro de la tradición judeocristiana, la dignidad humana es una piedra angular, que refleja la creencia de que cada individuo es creado a imagen y semejanza de Dios. Este principio fundamental es defendido con vehemencia por la Iglesia Católica Romana, que durante mucho tiempo ha considerado la lucha contra la trata de personas no sólo una cuestión de derechos humanos, sino un profundo imperativo moral. Es dentro de este contexto que las enseñanzas y las respuestas de la Iglesia a la trata de personas deben entenderse y apreciarse.

El magisterio de la Iglesia, a través de varias encíclicas y declaraciones, ha condenado sistemáticamente la trata de personas como un delito atroz contra la dignidad y la libertad humanas. Categoriza la trata de personas como una forma moderna de esclavitud que contraviene directamente la ley de Dios. Este punto de vista está profundamente arraigado en la doctrina social de la Iglesia, que defiende la santidad de la vida humana y la dignidad inherente de cada persona.

El Papa Francisco, en particular, ha sido ruidoso en su condena de la trata de personas, describiéndola como un "crimen contra la humanidad" y una "herida en el cuerpo de la sociedad contemporánea". Su papado ha visto un vigor renovado en la misión de la Iglesia de luchar contra este flagelo. Bajo su liderazgo, el Vaticano ha organizado varias conferencias destinadas a crear conciencia y fomentar esfuerzos de colaboración entre diferentes partes interesadas para combatir la trata de personas (Kayula, 2010).

En respuesta a la creciente amenaza de la trata de personas, la Iglesia Católica ha iniciado numerosos programas y acciones en todo el mundo. Caritas Internationalis, por ejemplo, dirige varios proyectos que ofrecen protección, apoyo y rehabilitación a víctimas de la trata de personas. Estas iniciativas son un testimonio del compromiso de la Iglesia de sanar y apoyar a quienes han sido sometidos a esta grave injusticia.

Más allá de los esfuerzos individuales, la Iglesia también ha desempeñado un papel decisivo en la promoción de cambios de políticas y el fomento de medidas legislativas contra la trata de personas. Al aprovechar su importante influencia global, la Iglesia ha abogado por leyes y mecanismos de aplicación más estrictos para disuadir a los traficantes y salvaguardar los derechos y la dignidad de las víctimas.

La teología también desempeña un papel fundamental en la respuesta de la Iglesia a la trata de personas. La Iglesia enseña que cada acción para contrarrestar la trata de personas refleja la misión del Evangelio de liberar a los oprimidos y restaurar vidas quebrantadas. A través de su cuidado pastoral, la Iglesia busca no sólo brindar liberación física de las cadenas de la trata, sino también curación espiritual.

Esta perspectiva teológica está estrechamente ligada a las enseñanzas de justicia social de la Iglesia, que exigen una opción preferencial por los pobres y vulnerables. Las víctimas de la trata de personas se encuentran entre las personas más marginadas y explotadas de la sociedad, y la misión de la Iglesia de servirles se considera un reflejo directo del propio ministerio de Jesús.

La Iglesia también enfatiza la importancia de la conciencia y la educación de la comunidad en la lucha contra la trata de personas. A través de su amplia red de parroquias y escuelas, la Iglesia ha emprendido programas para educar a los fieles sobre las realidades de la trata de personas e inspirarlos a actuar. Este enfoque de base es crucial para prevenir la trata y apoyar a los sobrevivientes dentro de las comunidades (Carson, 2016).

Los programas de curación basados en la fe constituyen otro pilar de la respuesta de la Iglesia a la trata de personas. Reconociendo el profundo trauma experimentado por las víctimas, la Iglesia ofrece apoyo espiritual y psicológico para ayudarlas a reconstruir sus vidas. Se brindan servicios como asesoramiento, dirección espiritual y ministerio sacramental para fomentar la curación y la esperanza entre los sobrevivientes.

Además de las intervenciones directas, la defensa de la Iglesia se extiende a los factores económicos que sustentan la trata de personas. Exige un consumo ético, un comercio justo y una responsabilidad corporativa para garantizar que las prácticas económicas no apoyen inadvertidamente la trata. A través de este enfoque holístico, la Iglesia busca abordar tanto los síntomas como las causas fundamentales de la trata.

A nivel internacional, la Iglesia desempeña un papel fundamental en el fomento de la colaboración entre diversas entidades que trabajan contra la trata de personas. La Academia Pontificia de Ciencias Sociales, por ejemplo, ha sido una plataforma para el diálogo y la cooperación entre líderes religiosos, formuladores de políticas y organizaciones de la sociedad civil dedicadas a erradicar la trata.

La respuesta integral de la Iglesia a la trata de personas está profundamente entrelazada con su misión más amplia de justicia social y atención a los marginados. Es una misión que resuena con el llamado profético a la justicia que encontramos en las Escrituras y en la tradición de la Iglesia (Kayula, 2010).

Por último, vale la pena señalar que el compromiso de la Iglesia con la cuestión de la trata de personas no es estático sino que evoluciona. A medida que evolucionan las complejidades de la trata de personas, también lo hace la respuesta de la Iglesia, adaptándose a los nuevos desafíos y buscando formas más efectivas de combatir esta injusticia global.

En conclusión, las enseñanzas y las respuestas de la Iglesia Católica a la trata de personas son una manifestación profunda de su compromiso con la dignidad humana, la justicia social y el mandato del Evangelio. Si bien el camino por recorrer es desalentador, la Iglesia se mantiene firme en su determinación de luchar contra la trata de personas mediante la fe, la acción y la colaboración.

Capítulo 3: Leyes y Reglamentos

En la laberíntica batalla contra la trata de personas, la piedra angular de nuestro armamento reside en el intrincado tejido de leyes y regulaciones grabadas en el tejido legislativo de los Estados Unidos. En el centro de esta batalla, la Ley de Protección a las Víctimas de la Trata (TVPA) se erige como un bastión, promulgada por primera vez en 2000 y reautorizada varias veces para adaptarse a las cambiantes caras de la trata. Esta ley delinea el enfoque del gobierno federal, que resume disposiciones para la identificación, protección y apoyo de las víctimas, al tiempo que equipa a las fuerzas del orden con las herramientas necesarias para combatir a los traficantes con rigor (Atkinson et al., 2016). Al profundizar en los estratos de gobernanza, las legislaciones a nivel estatal emergen con matices variados, que reflejan los desafíos y exigencias únicos de los contextos locales. En particular, estados como California y Nueva York han estado a la vanguardia, siendo pioneros en leyes estrictas y medidas integrales que apuntan no sólo a castigar a los perpetradores sino también a proteger a las víctimas de represalias y estigma, fomentando así un entorno propicio para la recuperación y la reintegración (Wooditch , 2012).

Sin embargo, la eficacia de estas leyes depende de la delicadeza de su implementación y de la vigilancia de los organismos encargados de hacerlas cumplir. Es esta sinergia entre la letra de la ley y el espíritu de su ejecución la que puede crear un refugio para las víctimas y una fortaleza contra el flagelo de la trata de personas. Por lo tanto, a medida que profundizamos en el análisis de estos marcos legales, su alcance y su impacto, se vuelve imperativo contemplar su alineación con la brújula moral que guía nuestra conciencia colectiva, instándonos a forjar un santuario donde la dignidad, la libertad y La justicia no sólo está inscrita en piedra, sino que es una realidad vivida por todos (Brown, 2010).

Legislación federal vigente

En el corazón del marco legal de los Estados Unidos contra la trata de personas se encuentra una pieza legislativa fundamental conocida como la Ley de Protección a las Víctimas de la Trata (TVPA) de 2000 y sus posteriores reautorizaciones. Esta ley representa la primera ley federal integral que aborda la trata de personas y establece una amplia gama de medidas destinadas a la erradicación de la trata de personas tanto a nivel nacional como internacional. Entre sus disposiciones, la TVPA establece sanciones severas para los delitos de trata, exige la restitución a las víctimas y describe protecciones y servicios para los sobrevivientes, sentando así una base legal sólida sobre la cual se pueden construir futuras acciones (Berardinis, 2013).

Desde su creación, la TVPA ha pasado por varias reautorizaciones, cada una de las cuales ha perfeccionado y ampliado su alcance para adaptarse a la naturaleza cambiante de la trata de personas. La ley impulsa a las agencias federales a coordinar esfuerzos, mejora los programas de asistencia a las víctimas y aumenta la conciencia pública. Su evolución legislativa es indicativa de un creciente reconocimiento dentro de la esfera política de la necesidad de combatir la trata con un enfoque multifacético y dinámico. Las enmiendas recientes se han centrado en mejorar la identificación de las víctimas, ampliar los servicios para los sobrevivientes, mejorar las penas para los traficantes y fomentar la cooperación internacional. A través de estos medios, la legislación busca no solo procesar a los infractores sino también prevenir la trata y proteger a las víctimas, incorporando un enfoque holístico a la difícil situación (De Angelis, 2012).

Además, las reautorizaciones de la TVPA reflejan un compromiso bipartidista para fortalecer la postura de Estados Unidos contra la trata de personas, lo que demuestra la capacidad única del tema para unir a individuos de todo el espectro político en una causa común. Es a través de este cuerpo legislativo que la nación articula su dedicación para poner fin al flagelo de la trata, afirmando imperativos tanto morales como legales para actuar con decisión. Por lo tanto, la legislación sirve como testimonio de la voluntad colectiva de defender la dignidad y los derechos de cada individuo, alineándose con los principios éticos universales y reforzando el compromiso de Estados Unidos con la libertad y la justicia para todos (Atkinson et al., 2016).

La Ley de Protección a las Víctimas de la Trata (TVPA) Al centrarnos en los vitales avances legislativos logrados en la batalla contra la trata de personas, la Ley de Protección a las Víctimas de la Trata (TVPA) de 2000 marca una piedra angular en los esfuerzos federales de los Estados Unidos para combatir esta grave injusticia. En esencia, la TVPA sirve no sólo como marco legal sino también como brújula moral, que guía a la nación en su búsqueda por erradicar la explotación de seres humanos con fines laborales y sexuales.

La ley, aprobada inicialmente con un amplio apoyo bipartidista, refleja una profunda comprensión de la trata de personas como un delito multifacético que requiere un enfoque integral. Reconoce las necesidades matizadas de las víctimas al tiempo que impone sanciones estrictas a los perpetradores. El doble enfoque de la legislación en la protección de las víctimas y el enjuiciamiento de los traficantes se alinea con los principios de justicia y dignidad humana que resuenan profundamente en el espíritu católico, así como con valores humanitarios más amplios.

La definición de trata de la TVPA es amplia y reconoce que la coerción, el fraude o la fuerza a menudo se utilizan para explotar a las personas. Este reconocimiento crucial ha allanado el camino para que las fuerzas del orden y los servicios sociales identifiquen y ayuden a las víctimas que podrían no identificarse como tales debido al miedo, la manipulación o la desinformación por parte de sus traficantes. Comprender esta dinámica es crucial para todos los involucrados en la lucha contra la trata, desde los formuladores de políticas hasta quienes brindan apoyo directo a las víctimas (Hendrix, 2010).

Una de las contribuciones importantes de la ley es el establecimiento del sistema Tier, que evalúa y clasifica a los gobiernos de todo el mundo en función de sus esfuerzos para combatir la trata de personas. Esta perspectiva global subraya el imperativo moral universal de desafiar las injusticias y proteger a los vulnerables, independientemente de las fronteras nacionales. Sirve como recordatorio de que la trata de personas no es una cuestión aislada sino una epidemia mundial que exige esfuerzos internacionales colaborativos y proactivos.

Además, la TVPA ha llevado a la creación de la Visa T, que brinda un camino hacia la residencia legal para las víctimas de trata que cooperan en el procesamiento de sus traficantes. Este aspecto de la ley refleja un profundo compromiso con la restauración de la dignidad y los derechos de las víctimas, ofreciéndoles la oportunidad de una nueva vida libre de explotación. El mensaje que transmite se alinea con las enseñanzas de misericordia y redención intrínsecas a la fe católica y otras tradiciones religiosas y éticas (Coonan, 2006).

La ley también exige el establecimiento de la Oficina de Vigilancia y Lucha contra la Trata de Personas, que realiza informes anuales y encabeza iniciativas para reducir la trata de personas. Esta oficina representa un compromiso institucionalizado y continuo para abordar la trata, asegurando que los esfuerzos para combatir este delito sean sostenidos y adaptables a circunstancias y desafíos cambiantes.

A pesar de estos avances positivos, la promulgación de la TVPA también saca a la luz la complejidad de combatir la trata de personas. Desafíos como la falta de denuncia por parte de las víctimas, la naturaleza oculta del delito y la dificultad de procesar a los traficantes requieren innovación y dedicación continuas. Participar en esta lucha requiere no solo acciones legales y políticas, sino también una transformación de las actitudes sociales que toleran o perpetúan la explotación (Beale, 2018).

Además, la TVPA enfatiza la importancia de los servicios a las víctimas, incluidos los programas de rehabilitación y asistencia. Este enfoque holístico reconoce que el rescate es sólo el primer paso de un largo viaje hacia la curación y la integración de los supervivientes. Los servicios de apoyo alineados con esta ley reflejan el principio de caritas, enfatizando la necesidad de una atención compasiva y el empoderamiento de quienes han sufrido explotación.

A medida que la TVPA ha evolucionado a través de sus reautorizaciones, ha ampliado sus disposiciones para abordar los desafíos emergentes y perfeccionar las estrategias de prevención, protección y enjuiciamiento. Esto indica un reconocimiento de que las leyes deben crecer y adaptarse para enfrentar eficazmente las tácticas cambiantes de los traficantes y las necesidades cambiantes de las víctimas.

En esencia, la TVPA no es simplemente un instrumento legal sino un llamado a la acción para todos los sectores de la sociedad. Desafía a los individuos, las comunidades y las instituciones no sólo a cumplir con las regulaciones sino a participar activamente en el cambio cultural necesario para desmantelar los sistemas y creencias que permiten la trata de personas.

Para los católicos devotos, los profesores universitarios, las fuerzas del orden, los políticos, los abogados, los defensores de la vida y todos los ciudadanos preocupados, la TVPA sirve como guía y como desafío. Nos llama a unirnos en un propósito común, empleando nuestros dones y posiciones únicos para fomentar un mundo donde todas las personas puedan vivir libres de explotación. Es a través de una acción colectiva y concertada que podemos transformar esta visión en realidad, adhiriéndose a los imperativos morales que nos impulsan a buscar justicia y proteger a los vulnerables entre nosotros (Hendrix, 2010).

El camino hacia la plena realización de los objetivos de la TVPA está en curso y requiere perseverancia, colaboración y un compromiso inquebrantable con la dignidad inherente de la humanidad. Es un camino que exige no sólo diligencia jurídica y política sino también una compasión profunda y duradera que trasciende las diferencias e inspira solidaridad universal.

En conclusión, la Ley de Protección a las Víctimas de la Trata representa un paso fundamental en la lucha actual contra la trata de personas. Sin embargo, también sirve como recordatorio de que la legislación por sí sola no puede poner fin a este flagelo. Se requiere la participación activa de todos los segmentos de la sociedad para crear un entorno en el que se respete la dignidad humana y la trata quede relegada a los anales de la historia. Juntos, aprovechando nuestros valores y convicciones compartidos, podemos acercarnos a un mundo donde prevalezcan la libertad y la justicia para todos.

Legislación a nivel estatal

Dentro del complejo marco diseñado para combatir la trata de personas, la legislación a nivel estatal ocupa una posición crítica, aunque variada. Cada estado, actuando como una entidad individual dentro del sistema federal, elabora leyes distintivas que abordan los matices de la trata de personas dentro de sus fronteras. Este panorama jurídico diverso no sólo demuestra la naturaleza multifacética de la trata de personas sino también los enfoques personalizados que adoptan los estados para mitigarla. Algunos estados han promulgado leyes sólidas que ofrecen servicios integrales de apoyo a las víctimas, mientras que otros se centran en medidas punitivas contra los traficantes. Sin embargo, la eficacia de estas leyes depende en gran medida de los mecanismos de aplicación y de la sinergia entre las regulaciones estatales y federales.

En particular, los estados han sido pioneros en modelos legislativos innovadores que posteriormente han influido en la política nacional. Por ejemplo, las leyes de puerto seguro, que protegen a los niños víctimas de la trata de ser procesados por delitos cometidos como resultado directo de su situación de trata, florecieron por primera vez a nivel estatal. Estas leyes subrayan un cambio fundamental: pasar de tratar a los niños víctimas de trata como delincuentes a reconocerlos como víctimas, garantizando así que reciban apoyo e intervención adecuados

(Richard, 2004). Este enfoque centrado en las víctimas refleja una comprensión más amplia de la justicia, que armoniza con los imperativos morales de proteger a los inocentes y vulnerables, como se enfatiza en numerosas enseñanzas doctrinales.

Además, la legislación estatal a menudo sirve como campo de prueba para políticas que equilibran el imperativo de procesar a los traficantes con la necesidad de salvaguardar la dignidad humana. Por ejemplo, los estados implementan diversas formas de capacitación para agentes del orden y funcionarios públicos, destinadas a mejorar la identificación de las víctimas de la trata y garantizar que sus derechos estén protegidos. Dicha capacitación es crucial para la aplicación eficaz de las leyes y representa una aplicación pragmática del principio de subsidiariedad, que permite respuestas adaptadas a los desafíos únicos que plantea la trata en diferentes comunidades.

Sin embargo, la disparidad en las leyes estatales también puede presentar desafíos, particularmente en términos de conflictos jurisdiccionales y la coherencia de los servicios a las víctimas en todos los estados. El mosaico de legislación significa que el acceso de las víctimas a la justicia y al apoyo puede variar significativamente dependiendo de dónde sean identificadas. Esta inconsistencia no solo complica los esfuerzos de las fuerzas del orden, sino que también puede obstaculizar la atención integral a los sobrevivientes, lo que subraya la necesidad de un enfoque más armonizado de la legislación a nivel estatal (Gulati, 2012).

En conclusión, la legislación a nivel estatal desempeña un papel fundamental en la lucha más amplia contra la trata de personas, ofreciendo ideas e innovaciones únicas que pueden informar y mejorar los esfuerzos nacionales. A medida que los estados continúan evolucionando y perfeccionando sus marcos legales, crece el potencial para estrategias más unificadas y efectivas contra la trata. Este desarrollo legislativo en curso, subrayado por un compromiso con la justicia y la dignidad humana, se alinea con el llamado a la acción para que todos los miembros de la sociedad participen en este tema crítico.

Leyes estatales destacadas y su impacto A medida que profundizamos en el complejo entramado de leyes diseñadas para combatir la trata de personas dentro de los Estados Unidos, se hace evidente que la legislación a nivel estatal desempeña un papel fundamental a la hora de abordar este grave problema. Cada estado, con su panorama demográfico, económico y político único, ha adoptado diversas medidas legislativas para combatir la trata de personas, lo que refleja un enfoque diverso de un problema universal. Esta exploración busca iluminar el impacto significativo que estas leyes han tenido en la lucha contra la trata de personas, ofreciendo información sobre su efectividad, sus desafíos y el camino a seguir.

En primer lugar, es importante reconocer los avances logrados por estados como California, que ha estado a la vanguardia en la promulgación de leyes integrales contra la trata. La Ley de Transparencia en las Cadenas de Suministro de California, por ejemplo, exige que las grandes empresas revelen sus esfuerzos para erradicar la esclavitud y la trata de personas de sus cadenas de suministro directas. Esta legislación no solo promueve la responsabilidad corporativa sino que también empodera a los consumidores para tomar decisiones informadas, reduciendo así la demanda de mano de obra objeto de trata (Baker, 2012).

De manera similar, Texas, con su vasta frontera y su importante población inmigrante, ha implementado leyes estrictas que aumentan las penas para los traficantes y al mismo tiempo brindan servicios críticos a los sobrevivientes. El Grupo de Trabajo para la Prevención de la Trata de Personas de Texas ha desempeñado un papel decisivo en la coordinación de esfuerzos entre agencias policiales, organizaciones sin fines de lucro y proveedores de atención médica, lo que demuestra el potencial de la colaboración de múltiples partes interesadas para abordar este problema.

En el frente oriental, Nueva York ha promulgado la Ley de Puerto Seguro para Niños Explotados, que ejemplifica un enfoque centrado en las víctimas. Al tratar a los menores víctimas de trata como víctimas y no como delincuentes, la ley garantiza que reciban el apoyo y la protección necesarios, atendiendo tanto a las necesidades inmediatas como a largo plazo de los supervivientes.

La diversidad en la legislación a nivel estatal resalta la naturaleza adaptativa y específica del contexto de las respuestas legales a la trata de personas. Sin embargo, esta variabilidad también presenta desafíos, particularmente en términos de aplicación de la ley y colaboración interestatal. Las diferencias en definiciones, sanciones y servicios entre estados pueden crear confusión y lagunas jurídicas que los traficantes aprovechan, socavando la lucha contra la trata.

Además, si bien muchos estados han logrado avances significativos, otros se han quedado atrás, al carecer de leyes integrales o de recursos adecuados para la aplicación de la ley y el apoyo a los sobrevivientes. Esta inconsistencia no solo obstaculiza los esfuerzos nacionales, sino que también impone cargas indebidas a los estados con sistemas más sólidos, ya que se convierten en destinos para los traficantes que buscan evadir leyes estrictas en otros lugares (Beale, 2018).

Además, el impacto de las leyes estatales está significativamente influenciado por el nivel de conciencia y participación del público. Las leyes son tan efectivas como las comunidades que las apoyan y las hacen cumplir. Las campañas de concientización pública, la educación y las iniciativas comunitarias son cruciales para crear un entorno donde la trata no pueda prosperar.

Otro aspecto importante es la integración de las perspectivas de los sobrevivientes en el desarrollo e implementación de leyes. Los conocimientos y experiencias únicos de los sobrevivientes son invaluables para elaborar legislación efectiva, identificar brechas en los servicios y mejorar las estrategias de aplicación de la ley. Su participación garantiza que las leyes no sólo sean punitivas sino también reparadoras y empoderadoras para aquellos a quienes buscan proteger.

Además, no se puede subestimar el papel de la tecnología tanto para facilitar como para combatir la trata. Mientras los traficantes utilizan Internet y las redes sociales para explotar a las víctimas, los estados aprovechan cada vez más la tecnología para identificar y rescatar a las víctimas y educar al público. Soluciones innovadoras como plataformas digitales para denunciar la trata, capacitación en línea para las fuerzas del orden y aplicaciones diseñadas para aumentar la conciencia y facilitar las intervenciones marcan un avance significativo en el conjunto de herramientas legislativas.

La complejidad de la trata de personas requiere un enfoque holístico que abarque no sólo medidas legales sino también estrategias socioeconómicas. Las leyes estatales deben complementarse con políticas que aborden factores subyacentes como la pobreza, la desigualdad y la discriminación, que hacen que ciertas poblaciones sean más vulnerables a la trata.

En conclusión, las leyes estatales desempeñan un papel fundamental en la lucha contra la trata de personas, y su impacto se siente en las esferas legal, social y económica. La diversidad de enfoques refleja la naturaleza multifacética de la trata, que requiere soluciones personalizadas y basadas en la comunidad. Sin embargo, persisten desafíos para garantizar la coherencia, la aplicación de la ley y respuestas centradas en los sobrevivientes en todos los estados. A medida que avanzamos, es imperativo que los estados no sólo promulguen leyes integrales sino que también fomenten la colaboración, la innovación y la participación pública para erradicar la trata de personas de nuestras comunidades.

Capítulo 4: Identificación de víctimas de trata de personas

Los imperativos de identificar a las víctimas de la trata de personas están profundamente arraigados en nuestros marcos morales, legales y sociales. Al dirigir nuestra mirada hacia los marcadores que pueden ayudar a identificar a estas víctimas, es crucial comprender que la trata se manifiesta de diversas formas, y cada víctima da un testimonio silencioso de su explotación. Los signos y síntomas de dicha explotación son innumerables y están entretejidos en la existencia diaria de la víctima, a menudo oscurecidos por el miedo y la coerción (Nel, 2005).

Los indicadores de trata de personas abarcan una variedad de señales físicas, emocionales y conductuales. Físicamente, las víctimas pueden tener marcas de abuso o negligencia, mientras que emocionalmente pueden exhibir un espectro de síntomas relacionados con el trauma, que incluyen ansiedad, depresión o una sensación palpable de miedo hacia las autoridades o aquellos en posiciones de poder. Desde el punto de vista del comportamiento, las víctimas a menudo tienen libertad restringida, evidenciada por la falta de posesiones personales, movimiento controlado o incapacidad para contactar a familiares y amigos. Estos indicadores, si bien no son exhaustivos, proporcionan un marco para la identificación, pero requieren una comprensión matizada para interpretar las señales que pueden estar ocultas a simple vista (Chaffee y English, 2015).

La difícil situación de la víctima se extiende más allá de su sufrimiento inmediato, ya que su camino hacia la recuperación está plagado de desafíos. El camino hacia el empoderamiento y la curación es multidimensional e implica apoyo legal, psicológico y social. Reconocer los signos de la trata es sólo el paso inicial de un largo proceso de recuperación y rehabilitación, lo que subraya la necesidad de soluciones integrales que aborden las necesidades holísticas de los sobrevivientes.

Los esfuerzos para identificar mejor a las víctimas también deben enfrentar las complejidades de la naturaleza clandestina de la trata de personas. Las fuerzas del orden, los profesionales de la salud, los educadores y los miembros de la comunidad desempeñan papeles vitales en el reconocimiento y la respuesta a la trata, pero su eficacia depende de su conciencia, capacitación y capacidad para actuar con compasión hacia las víctimas. Destaca el imperativo de la educación continua y el desarrollo de protocolos que coloquen el bienestar y la seguridad de la víctima al frente del proceso de identificación (Butler, 2014).

En conclusión, identificar a las víctimas de la trata de personas es un paso esencial para poner fin a este crimen atroz. Como sociedad, es primordial fomentar un entorno en el que las víctimas puedan ser identificadas y apoyadas de forma segura. A través de la vigilancia colectiva, la educación y la empatía, podemos comenzar a desmantelar las estructuras que permiten que prospere la trata de personas, allanando el camino para la justicia y la curación de las innumerables personas cuyas vidas han sido irrevocablemente alteradas por la trata.

Signos y síntomas

Identificar a las víctimas de la trata de personas es un primer paso indispensable en la batalla contra esta forma moderna de esclavitud. Es posible que las víctimas no siempre busquen ayuda debido a diversos factores, como el miedo a sus traficantes, la falta de confianza en las autoridades o el desconocimiento de sus derechos. Por lo tanto, es fundamental que la sociedad esté alerta y conozca los signos y síntomas que pueden indicar que una persona es víctima de trata.

Una de las señales más reveladoras de las personas objeto de trata es su apariencia de estar controladas o monitoreadas. Esto puede manifestarse a través de una comunicación restringida o controlada, donde a las víctimas rara vez se les permite hablar por sí mismas o se las vigila de cerca cuando lo hacen (Gibbons y Stoklosa, 2016). Este comportamiento no es sólo un mecanismo de dominación física sino también una sugerencia sutil de esclavitud psicológica donde el espíritu y la voluntad de la víctima están fuertemente controlados.

Las señales físicas también juegan un papel importante en la identificación de las víctimas. Lesiones como moretones, cicatrices u otras marcas de abuso físico pueden ser indicadores visibles. Las víctimas también pueden mostrar signos de abandono o mala salud, consecuencia de las duras condiciones a las que están sometidas (Parenzin, 2020). El cuerpo, en su testimonio silencioso, se convierte en un lienzo que muestra la crueldad histórica que ha enfrentado.

No se puede subestimar el impacto psicológico de la trata sobre las víctimas. Los síntomas de ansiedad, depresión o trastorno de estrés postraumático son comunes. Las cadenas mentales de miedo y dependencia creadas por los traficantes pueden ser incluso más potentes que las limitaciones físicas, dejando a la víctima en un estado constante de cautiverio psicológico (Hopper e Hidalgo, 2006).

Las víctimas también pueden exhibir comportamientos indicativos de falta de libertad o autonomía, como incertidumbre en la toma de decisiones, temor ante las autoridades o falta de familiaridad con el idioma o la zona local. A menudo no poseen documentos de identificación personal, lo que sirve para aislarlos aún más de la sociedad y de posibles vías de escape (Litam., 2017).

Las víctimas de trata laboral, un subconjunto que requiere atención específica, pueden mostrar signos exclusivos de explotación en entornos laborales. Por ejemplo, podrían vivir en condiciones de hacinamiento e inseguridad o parecer tener una deuda con su empleador de la que no pueden escapar. Sus condiciones laborales a menudo reflejan una servidumbre involuntaria: largas jornadas con poco o ningún salario, bajo constante vigilancia o amenaza.

La explotación en la industria del sexo presenta identificadores adicionales. Las personas pueden ser marcadas con tatuajes que indican propiedad de sus traficantes, exhibir signos de abuso físico o agresión sexual, o frecuentar áreas conocidas por la prostitución con un compañero mayor y controlador.

La manipulación de la esperanza es otra dimensión que explotan los traficantes, prometiendo a las víctimas una vida mejor u oportunidades de empleo, sólo para atraparlas en un ciclo de abuso y coerción. Reconocer las señales sutiles de alguien que creía que se estaba embarcando en una nueva vida puede ser fundamental para identificar a las víctimas (Hopper e Hidalgo, 2006).

Lamentablemente, los niños no se salvan de este crimen atroz. Pueden mostrar comportamientos indicativos de explotación sexual o trabajo forzoso, como poseer regalos costosos sin una explicación clara, comportamiento fugitivo crónico o incapacidad para aclarar dónde viven. En las escuelas, pueden presentar cambios repentinos de comportamiento, disminución del rendimiento escolar o ausencias inexplicables (Plant, 2013).

Identificar a las víctimas de la trata de personas es una tarea compleja y desafiante que requiere una cuidadosa observación y comprensión de estos diversos signos y síntomas. Para los católicos devotos, los profesores universitarios, las fuerzas del orden, los políticos, los abogados y los defensores de la vida, comprender estos indicadores no es simplemente un ejercicio académico: es un imperativo moral. La lucha contra la trata es un testimonio de nuestra humanidad colectiva, un llamado que exige acción, compasión y vigilancia (McQuade, 2019).

En conclusión, mientras avanzamos en este camino de identificar y ayudar a las víctimas de la trata de personas, es fundamental abordarlo con un profundo sentido de responsabilidad y empatía. Puede que los gritos silenciosos de ayuda no siempre sean audibles, pero con una mente informada y ojos vigilantes, podemos tender un salvavidas a quienes se encuentran enredados en las sombras de la explotación. Seamos el faro de esperanza y liberación para aquellos a quienes se les ha negado su dignidad humana fundamental.

La difícil situación de las víctimas y el camino hacia la recuperación

El camino de curación y restauración para las víctimas de la trata de personas es a la vez profundo y precario. A medida que emergen de las profundidades de la explotación, estos individuos enfrentan no sólo las sombras de su pasado sino también la luminosidad de un futuro aún por moldear. La distinción entre su pasado y su progreso esperanzador hacia la curación es marcada, similar a la transición de la noche al día, cada paso plagado de sus propios desafíos y triunfos.

Comprender la difícil situación de las víctimas de la trata requiere una reflexión sobre la naturaleza multifacética de su sufrimiento. Las cicatrices psicológicas, físicas y emocionales que sufren no son simplemente heridas superficiales, sino que son profundas y afectan el núcleo mismo de su ser. Los traficantes suelen emplear tácticas de manipulación, como amenazas, abuso físico y coerción psicológica, para mantener el control sobre sus víctimas, dejando marcas indelebles en su psique (Marburger y Pickover, 2020). Esta manipulación distorsiona la percepción de la realidad de la víctima, erosionando su sentido de autoestima y autonomía.

Sin embargo, en medio de esta oscuridad, el camino hacia la recuperación ilumina la resiliencia del espíritu humano. La recuperación no es un viaje lineal sino un proceso complejo que requiere un enfoque personalizado y holístico. Es esencial que estas personas reciban un apoyo integral que aborde no sólo sus necesidades inmediatas sino también su bienestar a largo plazo. Esto incluye acceso a vivienda segura, atención médica, asesoramiento, asistencia jurídica y oportunidades de educación y empleo.

Las intervenciones basadas en la fe suelen desempeñar un papel fundamental en la curación, ofreciendo a las víctimas no sólo apoyo material sino también alimento espiritual. La narrativa de la redención y el perdón que se encuentra en las enseñanzas bíblicas puede brindar un profundo consuelo y esperanza a quienes han soportado lo inimaginable. En este contexto, el acto de recuperación trasciende la mera rehabilitación física y psicológica; se convierte en un viaje de renacimiento y renovación espiritual.

Sin embargo, la reintegración social de las víctimas de la trata está plagada de obstáculos. La estigmatización, la discriminación y los efectos persistentes del trauma pueden romper sus vínculos con la comunidad, haciendo arduo su camino hacia la normalidad. Es imperativo que la sociedad cultive un ambiente de comprensión y aceptación, reconociendo a los sobrevivientes no como víctimas de su pasado sino como portadores de fuerza y resiliencia (Hill y Mullins, 2022).

El sistema legal también juega un papel crucial en el camino del sobreviviente hacia la recuperación. Garantizar que los traficantes sean llevados ante la justicia no sólo reafirma la terrible experiencia de la víctima sino que también contribuye a su sensación de cierre y empoderamiento. La Ley de Protección a las Víctimas de la Trata (TVPA) de 2000 sirve como piedra angular de los esfuerzos federales para combatir la trata de personas y apoyar a los sobrevivientes, y describe disposiciones para su protección y asistencia (Departamento de Estado de EE. UU., 2021).

Sin embargo, la eficacia de los marcos legales y de apoyo depende de su accesibilidad para los sobrevivientes. Barreras como las diferencias lingüísticas, la falta de conciencia sobre los recursos disponibles y la desconfianza en las autoridades pueden impedir el acceso de las víctimas a la ayuda que necesitan con urgencia. Por lo tanto, se deben intensificar los esfuerzos de divulgación y educación para cerrar estas brechas, asegurando que todos los sobrevivientes puedan recorrer el camino hacia la recuperación con confianza y apoyo.

No se puede subestimar el papel de las organizaciones comunitarias y no gubernamentales en el proceso de recuperación. A través de su incesante defensa, prestación de servicios y esfuerzos de educación pública, estas entidades fortalecen la red de apoyo disponible para los sobrevivientes.

Organizaciones nacionales como Polaris Project y Shared Hope International, junto con grupos religiosos como Caridades Católicas y las Hermanas de la Misericordia, ejemplifican el esfuerzo colectivo para elevar a los sobrevivientes de la trata (Polaris Project, 2020).

A medida que los sobrevivientes emprenden su viaje hacia la curación, la importancia de la agencia personal y el empoderamiento se vuelve inequívocamente clara. Empoderar a los sobrevivientes para que tomen decisiones sobre su proceso de recuperación fomenta una sensación recuperada de control sobre sus vidas, un elemento crítico para superar la impotencia impuesta por sus traficantes.

Las oportunidades de educación y empleo sirven como poderosas herramientas para el empoderamiento, ofreciendo a los sobrevivientes un camino hacia la autosuficiencia y un medio para reconstruir sus vidas. Al adquirir nuevas habilidades y conseguir empleo, no solo aseguran su independencia económica sino que también reconstruyen su identidad más allá de la de víctima (Hill y Mullins, 2022).

La historia de la recuperación es una historia de transformación tanto individual como colectiva. Exige un cambio social hacia la empatía, la comprensión y la acción. Cada miembro de la comunidad, independientemente de su profesión o fe, tiene el potencial de contribuir a este viaje transformador. Al prestar su voz, tiempo o recursos, las personas pueden contribuir a forjar caminos de curación y esperanza para los sobrevivientes de la trata.

En conclusión, el camino hacia la recuperación de las víctimas de la trata de personas es un testimonio de la resiliencia humana y el poder de la intervención compasiva. Si bien el camino está plagado de desafíos, cada paso adelante es una victoria contra las fuerzas de la explotación y la opresión. En su viaje, los sobrevivientes no sólo recuperan sus vidas sino que también iluminan el camino para otros, sirviendo como faros de esperanza y agentes de cambio. A través del esfuerzo colectivo y el apoyo inquebrantable, la sociedad puede aspirar no sólo a reparar las heridas del pasado sino a forjar un futuro donde prevalezcan la libertad y la dignidad para todos.

Capítulo 5: Organizaciones activas en la lucha

En el esfuerzo concertado para erradicar la trata de personas, varias organizaciones se erigen como faros de esperanza que iluminan caminos hacia la libertad y la recuperación. Entre ellos, el Proyecto Polaris y Shared Hope International ejemplifican el poder de la movilización nacional, que busca no solo rescatar a las víctimas sino también transformar la conciencia pública sobre la trata de personas (Graw Leary, 2018). Sus metodologías, basadas en rigurosos análisis de datos y promoción, resuenan profundamente con el espíritu de iniciativas basadas en la fe como Caridades Católicas y las Hermanas de la Misericordia. Estas últimas instituciones, impulsadas por un profundo imperativo moral, extienden su alcance a los más vulnerables, brindándoles no sólo refugio sino también atención holística que atiende a la curación espiritual, física y emocional. Esta fusión de esfuerzos seculares y religiosos resume un enfoque multifacético para combatir la trata de personas, que refleja la naturaleza compleja del problema en sí. Es a través de tal diversidad de estrategias y unidad de propósito que la lucha contra la trata de personas encuentra su fuerza, sentando un precedente de compromiso y colaboración. Cada organización, con sus capacidades y conocimientos únicos, contribuye con partes indispensables a la misión más amplia de desmantelar las redes de trata y restaurar la dignidad de los sobrevivientes. A medida que estas organizaciones activas avanzan en sus respectivos ámbitos, forjan colectivamente una sólida línea de frente contra la trata de personas, encarnando la virtud de la solidaridad que es imperativa en esta lucha crítica por los derechos humanos y la libertad (Nakamura y Maslow, 2010).

Organizaciones Nacionales

En la batalla en curso contra la trata de personas, una multitud de organizaciones nacionales están en primera línea, ejerciendo conocimiento, recursos y dedicación para desmantelar las cadenas de opresión. Estos grupos operan en todo Estados Unidos y abordan diferentes aspectos de este problema multifacético, desde rescatar a víctimas hasta abogar por leyes más estrictas. Entre ellos, el Proyecto Polaris y Shared Hope International emergen como faros de esperanza, ofreciendo soluciones integrales y apoyo a aquellos atrapados por las crueles garras de la trata.

El Proyecto Polaris, que lleva el nombre de la Estrella Polar, que guió a los esclavos hacia la libertad a lo largo del Ferrocarril Subterráneo, continúa iluminando el camino hacia la liberación de las víctimas de la esclavitud en la actualidad. Al operar la Línea Directa Nacional contra la Trata de Personas, Polaris sirve como un primer punto de contacto fundamental para las víctimas que buscan escapar y para los ciudadanos que desean informar sospechas de trata. El enfoque basado en datos de la organización empodera a los formuladores de políticas, las fuerzas del orden y los miembros de la comunidad, equipándolos con las herramientas necesarias para implementar el cambio (Polaris, 2023).

De manera similar, Shared Hope International aborda el flagelo de la trata de personas a través de iniciativas de prevención, restauración y justicia. Fundada sobre el principio de que toda persona merece libertad, Shared Hope trabaja incansablemente para prevenir las condiciones que permiten que florezca la trata, restaurar a los sobrevivientes a su máximo potencial y llevar a los traficantes ante la justicia. A través de sus programas específicos y su promoción tanto a nivel estatal como federal, Shared Hope International logra avances significativos hacia la erradicación de la trata y la reconstrucción de las vidas de los afectados (Kara, 2006).

Está claro que la intervención de estas organizaciones nacionales es indispensable. No sólo brindan asistencia inmediata a las víctimas sino que también abordan los problemas sistémicos que perpetúan la trata. El compromiso inquebrantable de estos grupos simboliza el potencial de la humanidad para conquistar incluso los desafíos más intimidantes. Al enfrentar la oscuridad de la trata de personas con la luz de la esperanza y la acción, la sociedad se acerca un paso más al día en que todos los individuos puedan vivir libres de la amenaza de ser comprados y vendidos.

La participación de todos los sectores de la sociedad, incluidos los católicos romanos devotos, los profesores universitarios, los funcionarios encargados de hacer cumplir la ley, los políticos, los abogados y los defensores de la vida, es crucial para apoyar el trabajo de estas organizaciones. Al vincularse con estos grupos nacionales, los individuos y las comunidades pueden contribuir a una estrategia integral que no sólo rescate a las víctimas sino que también evite que la trata se cobre más vidas. El esfuerzo colectivo puede amplificar el impacto de las organizaciones nacionales, transformando la lucha contra la trata de personas de una serie de escaramuzas aisladas a una campaña coordinada por la libertad y la dignidad .

En la batalla en curso contra las sombras que se proyectan sobre la libertad y la dignidad de innumerables almas, el Proyecto Polaris emerge como un faro de esperanza, esforzándose por erradicar el flagelo de la trata de personas que azota al mundo moderno. Esta organización, que lleva el nombre de la Estrella Polar, históricamente una guía para quienes buscan liberarse de la esclavitud, encarna la esencia de la orientación y la liberación de las personas atrapadas en las cadenas de la esclavitud moderna.

Proyecto Polaris: Iluminando el camino hacia la libertad A través de intervenciones estratégicas e investigaciones integrales, el Proyecto Polaris aborda la naturaleza multifacética de la trata de personas. Al aprovechar los datos, la tecnología y el alcance directo, Polaris descubre y altera las redes que explotan a las poblaciones vulnerables. La organización opera la Línea Directa Nacional contra la Trata de Personas, un salvavidas para las víctimas y un recurso crucial para que las fuerzas del orden identifiquen a los traficantes (Proyecto Polaris, 2022).

La trata de personas, una grave violación de los derechos humanos, refleja las injusticias que alguna vez impulsaron a los abolicionistas y defensores de la libertad a actuar. El Proyecto Polaris, consciente de los imperativos históricos y morales, emplea un enfoque multifacético para luchar contra la trata. Sus estrategias resuenan con los principios de justicia, libertad y compasión, haciéndose eco de los valores fundamentales envalentonados por las enseñanzas de diversas tradiciones religiosas, incluidas las creencias profundamente arraigadas de la Iglesia Católica.

La Iglesia Católica, con su rica tradición de enseñanza social, postula que todo ser humano está dotado de una dignidad inviolable. Esto se alinea perfectamente con la misión del Proyecto Polaris, como defensor incansable del valor inherente de cada individuo. Los esfuerzos de la organización son paralelos al llamado de la Iglesia a favor de una sociedad que defienda la santidad de la vida humana, desafíe las injusticias y abrace a los marginados. Por lo tanto, la comunidad católica, junto con otras entidades religiosas, encuentra en el Proyecto Polaris un profundo aliado contra la plaga de la trata.

Fundamentalmente, Polaris emprende investigaciones para iluminar la vasta y oscura extensión del alcance de la trata de personas dentro de Estados Unidos. Al agregar y analizar datos, Polaris revela tendencias, identifica brechas en el sistema y diseña intervenciones específicas. Este enfoque metódico se hace eco de la meticulosa erudición de los filósofos antiguos que buscaban comprender las complejidades del mundo a través de la lógica y la evidencia, allanando el camino para una acción significativa basada en la verdad.

Además, la filosofía de Polaris encarna una mezcla de pragmatismo e idealismo. Reconocen que para desmantelar las estructuras que perpetúan la trata, es esencial la colaboración entre sectores (gobierno, industria privada y sociedad civil). Este paradigma holístico refleja la visión integral del mundo de los pensadores clásicos que entendieron la interconectividad de los fenómenos sociales y abogaron por una sociedad armonizada a través de la justicia y la práctica ética.

A través de comunidades educativas, el Proyecto Polaris no sólo difunde conciencia sino que también capacita a las personas para que se conviertan en guardianes vigilantes de sus hermanos. Este enfoque educativo resuena con los mandatos bíblicos de buscar conocimiento y sabiduría, no sólo para la edificación personal sino para la salvaguardia y elevación de la propia comunidad. La educación, por tanto, se convierte en una poderosa herramienta del arsenal contra las fuerzas de la oscuridad que trafican con seres humanos.

Los esfuerzos de promoción de la organización buscan reformar políticas y leyes para proteger mejor a las víctimas y procesar a los perpetradores. Al navegar en la arena política, Polaris emplea el arte de la retórica, reuniendo argumentos convincentes y movilizando el sentimiento público para lograr cambios. Este compromiso estratégico nos recuerda la responsabilidad cívica de ejercer nuestras voces e influencia al servicio de la justicia, un tema recurrente en el discurso de los filósofos antiguos.

Además, el compromiso del Proyecto Polaris con la asistencia a las víctimas subraya el reconocimiento de las profundas heridas infligidas por la trata. Ofreciendo servicios de apoyo, encarnan el llamado de las Escrituras a consolar a los afligidos y vendar a los quebrantados de corazón, reflejando el mandato del Evangelio de misericordia y compasión hacia aquellos que han sufrido explotación y abuso.

No se puede pasar por alto la destreza tecnológica que emplea Polaris para enfrentar la trata de personas. Aprovechando la innovación para rastrear, analizar y desmantelar las redes de tráfico, Polaris adapta la sabiduría de los antiguos a los desafíos de la era moderna, utilizando la herramienta de la tecnología no como un fin en sí mismo sino como un medio para promover la causa de la justicia y los derechos humanos. dignidad.

En esencia, el Proyecto Polaris sirve como una versión moderna de la búsqueda clásica de justicia, combinando lo antiguo y lo contemporáneo en su lucha contra la trata de personas. Como miembros de una sociedad que anhela justicia, nos corresponde brindar nuestro apoyo, ya sea a través de la defensa, la educación o la oración, a su noble causa.

Para los devotos católicos romanos, profesores universitarios, agentes del orden, políticos, abogados, defensores de la vida y todas las personas comprometidas con la lucha contra la trata de personas, el Proyecto Polaris ofrece un modelo de acción eficaz e integridad moral. Es un llamado a unir fuerzas, en diversas esferas de influencia, para erradicar el mal de la trata de entre nosotros.

En conclusión, la lucha contra la trata de personas, personificada en los esfuerzos del Proyecto Polaris, no es simplemente una batalla legal o social contemporánea sino una cruzada profundamente espiritual que nos llama a cada uno de nosotros a la acción. Es una extensión de la antigua lucha entre la luz y la oscuridad, un testimonio de la capacidad duradera de la humanidad tanto para el mal como para el bien extraordinario. Como tal, exige de nosotros una respuesta que esté basada en nuestras convicciones filosóficas, teológicas y morales más profundas, una respuesta que afirme la dignidad, la libertad y el valor intrínseco de cada ser humano.

Shared Hope International emerge como un faro en la lucha incesante contra el flagelo de la trata de personas, esforzándose por desmantelar las cadenas de explotación mediante una fusión de promoción, prevención y restauración. En esencia, Shared Hope International encarna el compromiso de restaurar la esperanza y la libertad de las víctimas atrapadas por las garras de la trata.

En nuestra era moderna, que se enorgullece de su avance y su ilustración, resulta una grave contradicción que la esclavitud, en su forma más fea, continúe sin disminuir. La trata de personas, una plaga para la humanidad, desafía nuestro tejido moral y exige una respuesta que sea inmediata y eficaz. Por lo tanto, el papel de organizaciones como Shared Hope International se vuelve no sólo relevante, sino también críticamente esencial.

La creación de Shared Hope International se inspiró en una visión de confrontar y desarraigar los horrores del tráfico sexual. Reconoce la profunda indignidad sufrida por las víctimas y busca defender la dignidad, la libertad y la justicia. Mientras la fe obliga a la acción y el intelecto informa la estrategia, Shared Hope se esfuerza por tejer estos hilos en su enfoque (Greenbaum et al., 2018).

Sus estrategias son múltiples y están meticulosamente diseñadas. Principalmente, la organización se centra en la prevención de la trata, la protección de las víctimas y el procesamiento de los perpetradores. Esta estrategia tripartita constituye la piedra angular de su misión y refleja el enfoque integral necesario para combatir este delito multifacético.

Los esfuerzos de prevención de Shared Hope International son diversos y se dirigen tanto a las víctimas potenciales como a la comunidad en general a través de programas de educación y concientización. Estas iniciativas se basan en la creencia de que el conocimiento es un precursor de la libertad, ilumina a las personas sobre las realidades de la trata y las capacita para protegerse a sí mismas y a los demás.

La protección de las víctimas se persigue con una compasión que reconoce su dignidad inherente. Shared Hope International brinda apoyo a refugios, ofrece defensa legal y facilita el acceso a atención médica, psicológica y espiritual. Se esfuerzan por satisfacer las complejas necesidades de los sobrevivientes de la trata, abogando por un camino hacia la restauración que respete el viaje del individuo (Graw Leary, 2018).

El procesamiento de los traficantes es un componente crítico de su estrategia, cuyo objetivo es responsabilizar a los perpetradores y al mismo tiempo desmantelar las redes que perpetúan la esclavitud. Shared Hope apoya la capacitación de las fuerzas del orden y aboga por marcos legales sólidos que equipen a los fiscales con las herramientas necesarias para llevar a los traficantes ante la justicia.

El compromiso de la organización con la colaboración es evidente en sus esfuerzos por involucrar a diversas partes interesadas, incluidos legisladores, educadores y comunidades religiosas. Al movilizar una respuesta colectiva, Shared Hope busca amplificar su impacto, fomentando un frente unido contra la trata.

Todos estos esfuerzos se sustentan en una creencia profundamente arraigada en el poder de la esperanza. Shared Hope International no sólo trabaja para rescatar a las víctimas sino también para restaurar sus sueños y aspiraciones, iluminando un camino a seguir más allá de la oscuridad de sus experiencias. Esta misión refleja una profunda comprensión de la trata de personas no sólo como una cuestión legal sino también como una crisis moral.

Las historias de éxito de aquellos liberados y restaurados por Shared Hope sirven como testimonio de la eficacia de su enfoque. Estas narrativas no se limitan a contar historias de supervivencia, sino que subrayan el potencial de transformación, tanto para los individuos como para las comunidades. Sin embargo, la guerra contra la trata está lejos de terminar. La organización evoluciona continuamente, respondiendo a las tendencias y desafíos emergentes en el ámbito de la trata.

Con una base firme en los valores cristianos, Shared Hope International aprovecha el poder de la fe como fuerza impulsora en la lucha contra la trata de personas. Hace un llamamiento a la conciencia de la comunidad mundial, que aboga por un mundo en el que todos tengan libertad y dignidad.

La urgencia de este llamado a la acción resuena más profundamente en nuestra sociedad contemporánea, llamando a cada individuo a participar en la batalla contra la trata. Para quienes están arraigados en la academia, las fuerzas del orden, la política y las comunidades religiosas, Shared Hope International ejemplifica un modelo de compromiso, que ilustra cómo los esfuerzos concertados e informados pueden desmantelar la fortaleza de la esclavitud.

En conclusión, Shared Hope International es un testimonio de la creencia de que la esperanza, fortalecida por la acción y la fe, puede ciertamente triunfar sobre la desesperación. Desafía a todos los segmentos de la sociedad a levantarse, contribuir y participar en la restauración de la libertad, garantizando que la derrota de la trata no sea un sueño lejano sino una realidad inminente (Kara, 2006).

Mientras reflexionamos sobre el camino a seguir, inspirémonos en la misión y los logros de Shared Hope International. Su compromiso inquebrantable sirve como un claro llamado a la acción, instándonos a prestar nuestras voces, manos y corazones en la noble búsqueda de un mundo emancipado de las garras de la trata.

Iniciativas basadas en la fe

En la ferviente batalla contra el flagelo de la trata de personas, un faro de esperanza y acción brilla desde las organizaciones religiosas, como testimonio del poder de la convicción espiritual fusionada con la acción práctica. Entre ellas, Caridades Católicas y Hermanas de la Misericordia emergen como paradigmas de fe en acción, canalizando sus creencias teológicas profundamente arraigadas en esfuerzos tangibles para combatir esta esclavitud moderna. Estas organizaciones no sólo ejemplifican el compromiso de la Iglesia con la dignidad de cada ser humano, sino que también movilizan una vasta red de recursos y voluntarios para brindar servicios críticos a las víctimas. Aprovechando su posición única dentro de las comunidades y respaldados por un imperativo moral, ofrecen refugio, asistencia legal, asesoramiento y un camino hacia la curación y la redención para aquellos atrapados en la oscura red de la trata. Su trabajo es un testimonio del potencial de las instituciones religiosas para liderar la lucha contra la trata, actuando como las manos y los pies de una fe que pide justicia, misericordia y liberación para los oprimidos (Barrows, 2017). Mientras se adentran en la oscuridad para traer luz, estas iniciativas basadas en la fe encarnan una respuesta profunda al llamado del Evangelio a amar y servir a los más pequeños entre nosotros, demostrando que las creencias espirituales pueden impulsar acciones prácticas que desmantelen las cadenas de la explotación y la desesperación.

Caridades Católicas continúa en la línea de acción compasiva y decisiva contra la plaga de la trata de personas, encarnando tanto las enseñanzas de la Iglesia como el llamado a la justicia que se encuentra en las Escrituras. Esta organización se erige como un faro de esperanza, que ofrece refugio, asistencia legal y rehabilitación a las víctimas de este atroz crimen. La Iglesia enseña que toda vida humana tiene una dignidad inherente y Caridades Católicas pone esta creencia en práctica valorando la vida y la libertad de cada individuo atrapado por la trata.

Una parte integral de la comprensión del enfoque de Caridades Católicas es comprender la amplitud del impacto de la trata de personas en todo Estados Unidos. Si bien otras secciones se han ocupado de definir la trata de personas e ilustrar el alcance del problema, aquí profundizamos en cómo Caridades Católicas se cruza con las vidas de estas víctimas, brindando un testimonio tangible del mandamiento de amar al prójimo como a uno mismo (Hounmenou, 2023).

La trata de personas, en sus formas multifacéticas, exige una respuesta que sea a la vez versátil y sólida. Los programas de Caridades Católicas en todo el país se especializan en llegar directamente a las víctimas, ofreciendo no sólo apoyo inmediato sino también asistencia a largo plazo para la recuperación y la reintegración a la sociedad. Esta extensión es esencial para romper el ciclo de explotación y ofrece un salvavidas a quienes de otro modo no tendrían escapatoria.

Además, Caridades Católicas aboga por leyes y políticas más estrictas para proteger a las víctimas y procesar a los traficantes. Sus esfuerzos de promoción resaltan su compromiso no sólo de ayudar a quienes lo necesitan de forma inmediata, sino también de crear una sociedad más segura y justa para todos. A través de la participación de los responsables políticos, la organización se esfuerza por influir en el cambio a nivel sistémico, haciéndose eco de las enseñanzas de la Iglesia sobre el bien común y la protección de los vulnerables.

El papel de Caridades Católicas también se extiende a la educación y la sensibilización dentro de las comunidades y parroquias. A través de seminarios, talleres y recursos, se esfuerzan por iluminar las oscuras realidades de la trata, equipando a personas y comunidades con el conocimiento para reconocer las señales de la trata y responder adecuadamente. Esta extensión educativa es vital para prevenir la trata y ayudar a las víctimas, y encarna la misión de la Iglesia de iluminar y guiar a su rebaño.

Otra piedra angular del trabajo de Caridades Católicas es su colaboración con las autoridades y otros servicios sociales. Al reconocer que la trata de personas es un tema complejo que ninguna organización puede abordar por sí sola, fomentan asociaciones que mejoran su capacidad para atender a las víctimas de manera efectiva. Al trabajar en conjunto con las autoridades civiles, Caridades Católicas garantiza que las víctimas reciban una atención integral que aborde tanto sus necesidades inmediatas como su bienestar a largo plazo (Lynn, 2021).

Los servicios de apoyo a las víctimas proporcionados por Caridades Católicas abarcan una amplia gama de asistencia, desde refugio y vivienda hasta asistencia jurídica y asesoramiento. Estos servicios están diseñados para abordar las necesidades multifacéticas de las víctimas de la trata, reconociendo el trauma que han sufrido y el difícil camino hacia la recuperación que les espera. Al ofrecer un enfoque holístico al apoyo a las víctimas, la organización refleja la comprensión integral de la Iglesia sobre la curación y la rehabilitación.

Además del apoyo directo y la promoción, Caridades Católicas desempeña un papel importante en la movilización de las comunidades católicas para actuar contra la trata de personas. A través del desarrollo y difusión de recursos para la oración, la educación y la acción comunitaria, aprovechan la vasta red de parroquias y diócesis para inspirar una respuesta colectiva a esta epidemia global.

Los fundamentos teológicos de su trabajo son evidentes en su compromiso de defender la dignidad de cada ser humano, un principio profundamente arraigado en la enseñanza social católica. Al abordar el flagelo de la trata de personas, Caridades Católicas manifiesta el llamado de la Iglesia a defender la santidad de la vida y trabajar incansablemente por la libertad de aquellos oprimidos por la esclavitud moderna.

Es importante señalar que, si bien Caridades Católicas logra avances significativos en la lucha contra la trata de personas, persisten desafíos. La naturaleza oculta de la trata, el miedo y el trauma experimentado por las víctimas y las tácticas en constante evolución de los traficantes requieren que sus estrategias sean adaptables y resilientes. Sin embargo, basada en la fe e impulsada por una misión de servicio, Caridades Católicas continúa siendo una fuerza formidable en la lucha contra la trata de personas, demostrando el poder de la fe en acción.

A través de su enfoque integral, Caridades Católicas no solo ayuda a las víctimas sino que también busca abordar las causas fundamentales de la trata, incluida la pobreza, la desigualdad y la falta de oportunidades. Al abordar estos problemas sistémicos, la organización trabaja por un mundo en el que la trata de personas no solo se aborde a posteriori, sino que, en primer lugar, se evite que ocurra (Díaz et al., 2021).

Las historias de éxito de quienes han sido rescatados y rehabilitados gracias a los esfuerzos de Caridades Católicas sirven como testimonio del impacto de la organización. Estas historias no son sólo narrativas de supervivencia sino de renovación y esperanza, que ilustran el poder transformador de la intervención compasiva y la resiliencia del espíritu humano.

Mientras seguimos enfrentando los males de la trata de personas, el papel de organizaciones como Caridades Católicas sigue siendo crucial. Su compromiso inquebrantable con la dignidad de cada persona, basado en las enseñanzas de la Iglesia Católica, proporciona no sólo la ayuda necesaria a las víctimas sino también un poderoso testimonio del llamado del Evangelio a amar y servir a los más pequeños entre nosotros.

En conclusión, Caridades Católicas encarna la respuesta de la Iglesia a la trata de personas, ofreciendo esperanza, sanación y defensa para aquellos que han sido sometidos a esta esclavitud moderna. A través de sus incansables esfuerzos, ejemplifican el llamado a la acción para todos nosotros, instándonos a reconocer el rostro de Cristo en cada víctima y a trabajar diligentemente por su libertad y restauración.

Hermanas de la Misericordia A medida que se desarrolla este capítulo, pasan a primer plano las importantes contribuciones de las iniciativas basadas en la fe para combatir la trata de personas, específicamente destacadas en el trabajo de las Hermanas de la Misericordia. Las Hermanas de la Misericordia, una congregación religiosa de mujeres dedicadas a servir a los necesitados, han estado durante mucho tiempo en la primera línea para abordar las injusticias sociales. Su compromiso de erradicar la trata de personas es un testimonio de su inquebrantable dedicación a la dignidad y la libertad humanas.

En la compleja batalla contra la trata de personas, las Hermanas de la Misericordia emplean un enfoque multifacético. Al reconocer la naturaleza diversa de la trata, se involucran en la educación, la promoción y el apoyo directo a las víctimas. Su enfoque no sólo aborda las necesidades inmediatas de los sobrevivientes sino que también apunta a abordar las causas profundas de la trata, principalmente a través de la educación y el cambio de políticas.

La educación, tanto para crear conciencia como para ofrecer esperanza, es un pilar de su estrategia. Al educar a las comunidades sobre las señales y los peligros de la trata de personas, las Hermanas de la Misericordia capacitan a las personas para que se conviertan en defensores vigilantes de sus vecinos. Realizan talleres y seminarios, a menudo colaborando con escuelas, parroquias y grupos comunitarios, para difundir conocimientos sobre cómo reconocer y responder a situaciones de trata de personas (Zhu et al., 2020).

Más allá de la educación comunitaria, las Hermanas de la Misericordia están profundamente involucradas en la promoción. Trabajan incansablemente para influir en las políticas tanto a nivel nacional como estatal, abogando por una legislación que proteja a las víctimas y procese a los perpetradores. Sus esfuerzos se extienden al cabildeo para mejorar los sistemas de apoyo a los sobrevivientes, asegurando que reciban la asistencia legal, psicológica y social necesaria.

El apoyo directo a las víctimas es otro aspecto crítico de su misión. Las Hermanas de la Misericordia brindan refugio, asesoramiento y servicios de rehabilitación para ayudar a los sobrevivientes a reconstruir sus vidas. Sus instalaciones sirven como santuarios donde las víctimas pueden encontrar seguridad, paz y la oportunidad de empezar de nuevo.

Su enfoque holístico subraya la convicción de que combatir la trata de personas requiere algo más que una simple intervención; exige un compromiso con la curación y la restauración. Esta convicción está profundamente arraigada en su fe, que ve a cada individuo como digno de respeto y compasión.

Sus esfuerzos no han pasado desapercibidos. Las Hermanas de la Misericordia han establecido asociaciones con agencias policiales para identificar y ayudar mejor a las víctimas. Estas colaboraciones han mejorado la eficacia de las operaciones de rescate y han llevado a un aumento de los procesamientos de los traficantes.

En el ámbito político, las Hermanas de la Misericordia sirven como una brújula moral y ética, recordando a los líderes su deber de proteger a los más vulnerables de la sociedad. Su promoción ha contribuido al desarrollo de una legislación más integral contra la trata, lo que refleja una comprensión más amplia de las complejidades del problema.

Además, su trabajo en el ámbito internacional ha puesto de relieve la naturaleza global de la trata de personas. Las Hermanas de la Misericordia son parte de una red de organizaciones religiosas y seculares que luchan contra la trata transfronteriza, reconociendo que este flagelo no conoce fronteras (Lynn, 2021).

Su compromiso con los sectores público y privado para abordar el lado de la demanda de la trata de personas es otro aspecto innovador de su trabajo. Al crear conciencia sobre cómo las acciones cotidianas pueden apoyar inadvertidamente la trata, fomentan un consumo y prácticas comerciales más éticos.

Las Hermanas de la Misericordia también enfatizan la importancia del apoyo espiritual para los sobrevivientes. Ofrecen asesoramiento espiritual y retiros, centrándose en la curación y el perdón, que creen que son cruciales para una recuperación total.

Incluso cuando enfrentan desafíos en su trabajo, incluidas las limitaciones de recursos y las tácticas en constante evolución de los traficantes, las Hermanas de la Misericordia persisten en su misión. Su resiliencia se ve impulsada por su fe y la creencia de que cada acción cuenta en la lucha contra la trata.

A través de su enfoque integral, las Hermanas de la Misericordia se han convertido en un faro de esperanza y un modelo de cómo las organizaciones religiosas pueden contribuir significativamente a los problemas más apremiantes de la sociedad. Su trabajo ejemplifica cómo la compasión, combinada con la acción, puede crear ondas de cambio que se extienden mucho más allá de su comunidad inmediata (Ahn et al., 2013).

El compromiso de las Hermanas de la Misericordia para poner fin a la trata de personas es un poderoso recordatorio del impacto que pueden tener las personas y comunidades dedicadas. Llama a todos los sectores de la sociedad a unirse en esta causa, aprovechando sus recursos y plataformas únicos para un mundo sin tráfico.

En conclusión, el trabajo de las Hermanas de la Misericordia en la lucha contra la trata de personas encarna los principios de misericordia, justicia y solidaridad. Su enfoque multifacético destaca el papel fundamental de las organizaciones religiosas a la hora de abordar las cuestiones de derechos humanos. Sirve como un inspirador llamado a la acción para todos los que aspiran a contribuir a una sociedad más justa y compasiva.

Capítulo 6: Papel de la aplicación de la ley

En la intrincada batalla contra la trata de personas, los organismos encargados de hacer cumplir la ley son guardianes fundamentales de la justicia, atravesando un panorama complejo y plagado de desafíos. Su papel trasciende la mera aplicación de estatutos legales; encarna el deber moral de salvaguardar la dignidad de cada individuo atrapado en las sombras de la trata. La eficacia de estos guardianes a menudo se ve comprometida por la naturaleza velada de las actividades de trata, lo que hace que la identificación y el enjuiciamiento de los perpetradores sea una tarea ardua. Las dificultades inherentes se ven agravadas por las sofisticadas redes empleadas por los traficantes para evadir la detección, lo que desafía a las fuerzas del orden a adaptarse continuamente e innovar en sus estrategias. Al reconocer estos obstáculos, han surgido mejores prácticas, centrándose en la colaboración con organizaciones no gubernamentales, la participación en la vigilancia comunitaria para fomentar la confianza con las poblaciones vulnerables y el despliegue de unidades especializadas capacitadas en los matices de la dinámica de la trata (Deeb-Swihart et al., 2019). Además, el desarrollo de protocolos para la identificación de víctimas y la integración de servicios para víctimas dentro del proceso de investigación han sido identificados como componentes críticos no sólo para asegurar las condenas sino también para facilitar el proceso de curación de los sobrevivientes (Farrell et al., 2008).

Como guardianes de la justicia, el papel de las fuerzas del orden es doble: desmantelar meticulosamente las redes de engaño que perpetúan la trata y restaurar las voces de aquellos silenciados por la explotación, reavivando así las llamas de la esperanza y la liberación en los corazones de los oprimidos.

Desafíos para identificar y procesar a los traficantes

La búsqueda de justicia para las víctimas de la trata de personas presenta una serie de desafíos formidables para los organismos encargados de hacer cumplir la ley. En el centro de estas dificultades se encuentran la naturaleza misma y los mecanismos de las operaciones de trata, que están diseñadas para operar bajo el radar del escrutinio legal. Estas actividades ilícitas están envueltas en capas de engaño, coerción y manipulación, por lo que su desentrañamiento es una tarea sumamente compleja para las autoridades.

Uno de los principales obstáculos para identificar a los traficantes es la forma encubierta en que operan. Al igual que los primeros cristianos que navegaban por las catacumbas bajo Roma, las víctimas de la trata y sus captores navegan por un inframundo invisible para la población normal. Estas operaciones a menudo explotan negocios legales como fachada, lo que hace que discernir entre operaciones legítimas y empresas delictivas sea un proceso laborioso. El uso de tecnología avanzada y la web oscura para reclutar y publicitar a las víctimas agrava aún más la dificultad de rastrear y detener las redes de trata (Wooditch, 2012).

Además, los diversos perfiles de los traficantes –que van desde sindicatos del crimen organizado hasta operaciones familiares e individuos solitarios– añaden otra capa de complejidad a la tarea de aplicación de la ley. Esta diversidad requiere un enfoque multifacético de la formación y la investigación, que requiere recursos y experiencia que a menudo escasean.

El miedo y la desconfianza de las víctimas hacia las autoridades exacerban aún más el desafío de identificar a los traficantes. Muchas víctimas, condicionadas por sus captores a temer a las fuerzas del orden o influenciadas por experiencias negativas previas con las autoridades, pueden mostrarse reacias a denunciar o incapaces de expresar sus experiencias. Este escenario recuerda a los cuentos bíblicos en los que el miedo impedía que las personas dijeran sus verdades, lo que subraya la necesidad de paciencia, comprensión y compasión por parte de las entidades encargadas de hacer cumplir la ley.

La naturaleza global de la trata de personas también presenta importantes desafíos jurisdiccionales. Los traficantes frecuentemente trasladan a sus víctimas a través de fronteras estatales e internacionales para evadir la captura y el procesamiento, lo que requiere cooperación y coordinación entre varias jurisdicciones y agencias encargadas de hacer cumplir la ley. Este aspecto de la trata resalta la necesidad de un enfoque colaborativo similar a un cuerpo unificado de creyentes, que trascienda las capacidades individuales para abordar un mal colectivo (Berardinis, 2013).

El procesamiento de los traficantes se complica aún más por la demanda de pruebas concretas, que pueden ser difíciles de obtener. Los traficantes a menudo hacen todo lo posible para no dejar rastro discernible, utilizando la intimidación o la violencia para garantizar el silencio de sus víctimas y asociados. La naturaleza efímera de las huellas digitales y la complejidad de las transacciones financieras involucradas en las redes de tráfico exigen técnicas y herramientas de investigación sofisticadas.

Los obstáculos legales también plantean desafíos importantes en la lucha contra la trata de personas. Las variaciones en las leyes estatales con respecto a la trata de personas pueden resultar en una aplicación inconsistente de la justicia y dificultades en el procesamiento de casos que cruzan las fronteras estatales. Además, confiar en el testimonio de las víctimas –a menudo la prueba fundamental en los casos de trata de personas– puede ser problemático dado el impacto traumático de la trata en el bienestar mental y emocional de las víctimas, afectando su confiabilidad como testigos.

La interconexión entre la trata de personas y otras formas de delincuencia, como el tráfico de drogas y el delito cibernético, presenta desafíos adicionales en materia de investigación y procesamiento. Estas conexiones requieren que los agentes del orden tengan un amplio conocimiento de las diversas formas de actividad delictiva y la capacidad de discernir redes criminales complejas.

Las limitaciones de recursos obstaculizan aún más los esfuerzos para combatir la trata de personas. El tiempo y la mano de obra necesarios para investigar los casos de trata ponen a prueba los recursos ya limitados de las fuerzas del orden. Esto crea una situación en la que el inmenso alcance de las operaciones de trata puede eclipsar la capacidad de los equipos de investigación, lo que requiere una priorización que podría dejar a algunas víctimas sin rescate o socorro inmediato (Farrell et al., 2008).

La conciencia pública y la comprensión de la trata de personas son cruciales para superar muchos de estos desafíos. Las ideas erróneas sobre la naturaleza de la trata y los estereotipos sobre las víctimas pueden obstaculizar las investigaciones y los procesamientos. Por lo tanto, educar al público para que reconozca los signos de trata y alentar la participación activa en la denuncia de sospechas de trata puede ayudar significativamente en los esfuerzos de aplicación de la ley.

En conclusión, el camino hacia la erradicación de la trata de personas está plagado de desafíos formidables, similares a navegar por un laberinto en la oscuridad. Requiere un compromiso inquebrantable, estrategias innovadoras y un espíritu de colaboración entre las entidades encargadas de hacer cumplir la ley y la comunidad en general. A medida que este capítulo profundiza en los diversos obstáculos que se enfrentan al identificar y procesar a los traficantes, es esencial recordar el objetivo final: llevar luz a los rincones más oscuros de la humanidad y esperanza a aquellos atrapados por la explotación.

Mejores prácticas y estrategias

Mientras continúa la batalla contra la trata de personas, los organismos encargados de hacer cumplir la ley están en primera línea. Su papel, fundamental en la erradicación de esta plaga de nuestra sociedad, requiere no sólo dedicación sino también un enfoque estratégico e informado. El siguiente discurso describe una serie de mejores prácticas y estrategias que, de adoptarse, podrían mejorar significativamente la eficacia de las fuerzas del orden en la lucha contra la trata de personas.

En primer lugar, la colaboración entre agencias surge como una estrategia fundamental. Dada la naturaleza multifacética de la trata de personas, que a menudo abarca múltiples jurisdicciones e incluso fronteras internacionales, es esencial un enfoque colaborativo entre varios organismos encargados de hacer cumplir la ley. Al aunar recursos y compartir inteligencia, las agencias pueden ampliar su alcance e impacto, facilitando una lucha más integral contra las redes de trata (Gulati, 2012).

También se debe dar prioridad a la capacitación y la educación dentro de la comunidad encargada de hacer cumplir la ley. Los traficantes a menudo emplean métodos sofisticados para evadir la detección y, como tal, los agentes deben estar equipados con el conocimiento y las habilidades para identificar y abordar estas tácticas en evolución. Los módulos de capacitación especializados que se centran en las últimas tendencias en trata, identificación de víctimas y manipulación psicológica empleada por los traficantes pueden capacitar a los agentes para actuar con mayor decisión.

El compromiso y la asociación con las comunidades locales constituyen una estrategia fundamental. Las operaciones de trata a menudo dependen de la invisibilidad que brinda la ignorancia o la indiferencia pública. Al fomentar relaciones sólidas con los líderes y miembros de la comunidad, las fuerzas del orden pueden aprovechar las redes locales que probablemente noten anomalías indicativas de actividades de trata. Estas asociaciones también allanan el camino para un entorno de apoyo que aliente a las víctimas a presentarse.

La utilización de tecnología avanzada y herramientas de análisis de datos puede reforzar significativamente los esfuerzos de aplicación de la ley. Dado que los traficantes utilizan con frecuencia Internet y las redes sociales para reclutar y explotar a sus víctimas, las agencias deben aprovechar las tecnologías forenses digitales y el monitoreo en línea para rastrear y desmantelar estas huellas digitales. Además, el análisis de datos puede revelar patrones y conexiones que de otro modo permanecerían ocultos, guiando intervenciones policiales más específicas (Richard, 2004).

Los enfoques centrados en las víctimas deben estar en el centro de las estrategias de aplicación de la ley. Al reconocer el complejo trauma que experimentan las víctimas de la trata, el personal encargado de hacer cumplir la ley debe adoptar una postura compasiva y empática. Esto implica no sólo la custodia protectora y el cuidado de las víctimas, sino también su participación activa en el proceso de investigación, asegurando que sus ideas y necesidades sirvan de base para las acciones y estrategias de aplicación de la ley.

Incorporar agentes del orden en las comunidades como medida proactiva también puede generar dividendos. Este enfoque no sólo mejora la visibilidad de las fuerzas del orden sino también su accesibilidad, fomentando un entorno en el que los miembros de la comunidad se sienten más cómodos denunciando sospechas y delitos. Una presencia tan visible puede actuar como elemento disuasivo para los traficantes que estén considerando operar dentro de estas comunidades.

La colaboración internacional es otro aspecto crítico. La trata de personas es un problema global que requiere una respuesta global coordinada. Al forjar alianzas con organismos encargados de hacer cumplir la ley en todo el mundo, compartir inteligencia y participar en operaciones conjuntas, se mejora significativamente la capacidad de combatir las redes de tráfico que operan a través de fronteras.

El desarrollo y la difusión de protocolos estandarizados para las investigaciones de la trata y el apoyo a las víctimas pueden ayudar a garantizar la coherencia y la calidad en la respuesta de las fuerzas del orden a la trata de personas. Estos protocolos pueden servir como una guía valiosa para los agentes del orden, asegurando que estén equipados con el conocimiento y las herramientas necesarias para combatir eficazmente la trata y apoyar a las víctimas (Hendrix, 2010).

Por último, no se puede subestimar la atención prestada a las estrategias de prevención. Los organismos encargados de hacer cumplir la ley desempeñan un papel crucial en los esfuerzos de prevención, desde la realización de campañas de concientización que eduquen al público sobre las señales de trata hasta la interacción con comunidades en riesgo. Al impedir que se produzca la trata, las fuerzas del orden pueden salvar vidas y disminuir la demanda que alimenta las redes de trata.

En conclusión, el papel de las fuerzas del orden en la lucha contra la trata de personas es multifacético y desafiante. Sin embargo, mediante la implementación de mejores prácticas y enfoques estratégicos, como la colaboración entre agencias, la participación comunitaria, la utilización de tecnología avanzada y metodologías centradas en las víctimas, se pueden lograr avances significativos hacia la erradicación de este flagelo. Es un imperativo moral que los organismos encargados de hacer cumplir la ley no sólo protejan a los vulnerables sino que también busquen justicia para las víctimas de la trata, reflejando los valores fundamentales de compasión y justicia que definen nuestra sociedad.

Capítulo 7: La arena política

Al atravesar el complejo panorama de la trata de personas, la arena política emerge como fundamental. Aquí, los legisladores elaboran las políticas que dan forma a la batalla contra este crimen atroz, y los caminos potenciales hacia su erradicación dependen en gran medida de la formulación e implementación de leyes convincentes y éticamente informadas. La legislación actúa no sólo como un elemento disuasivo sino también como un reflejo de nuestra brújula moral colectiva, ilustrando el imperativo social de proteger a los vulnerables entre nosotros. En consecuencia, la promoción se convierte en un eje en este ámbito, un mecanismo a través del cual los ciudadanos y los grupos de interés pueden influir en las direcciones de las políticas; en última instancia, se trata de galvanizar la voluntad política para enfrentar y desmantelar las redes que perpetúan la trata de personas. Una parte integral de esta promoción es una comprensión matizada de que las recomendaciones de políticas deben equilibrar la prevención, la protección y el enjuiciamiento. Tales recomendaciones pueden incluir mejorar los servicios de apoyo para los sobrevivientes, endurecer las regulaciones que inadvertidamente facilitan la trata o fomentar una mayor colaboración entre agencias. Por lo tanto, este capítulo profundiza en la intersección entre la acción política y el imperativo moral, instando a un compromiso con políticas que no sólo castiguen a los perpetradores sino que también hagan visibles a aquellos escondidos en las sombras de nuestra sociedad, afirmando así la dignidad inherente de cada individuo (Merilainen y Vos, 2015). Esta conversación se sitúa en el centro de lo que significa participar en el ámbito político contra la trata de personas : un llamado a la acción que trasciende las líneas partidistas y habla del núcleo de nuestra humanidad.

Abordar la trata de personas a través de políticas

A medida que avanzamos en las complejidades de la batalla contra la trata de personas, nuestro enfoque se acerca al ámbito de la formulación de políticas. En este ámbito, la síntesis de imperativo moral, rigor legal y acción social se fusionan en una fuerza formidable contra las depravaciones de la explotación humana. Es a través del recipiente de las políticas que encontramos nuestras herramientas más estructuradas y de mayor alcance para implementar el cambio.

La política, en lo que respecta a la trata de personas, exige un enfoque integral que vaya más allá de la mera prohibición de actos. Implica la elaboración de marcos que no sólo penalicen a los perpetradores sino que también brinden protección, alivio y rehabilitación a las víctimas. Además, abarca medidas que cortan los medios financieros y operativos de las redes de tráfico, incorporando estrategias de educación, prevención y cooperación internacional (Ann Stolz, 2007).

En Estados Unidos, la fundamental Ley de Protección a las Víctimas de la Trata (TVPA) de 2000 se erige como la piedra angular de la legislación contra la trata. Amplió las herramientas y recursos del gobierno federal para combatir la trata, estableciendo penas severas para los traficantes e introduciendo medidas de protección para las víctimas. Sin embargo, a medida que la trata evoluciona, nuestras políticas también deben adaptarse para enfrentar nuevos desafíos y cerrar las lagunas que explotan los traficantes (Departamento de Estado de Estados Unidos, 2001).

Las iniciativas a nivel estatal también desempeñan un papel fundamental, dada la naturaleza localizada de la dinámica de la trata. Los Estados tienen autonomía para adaptar la legislación y los recursos a fin de satisfacer las necesidades y circunstancias específicas dentro de su jurisdicción. Esto es evidente en la variedad y alcance de las leyes aprobadas en diferentes estados, desde mejorar los servicios a las víctimas hasta endurecer las penas contra los traficantes.

Sin embargo, el progreso legislativo a menudo se ve obstaculizado por desafíos en la implementación y el cumplimiento. Las complejidades de los casos de trata, combinadas con la falta de recursos y capacitación para los órganos judiciales y policiales, pueden llevar a un procesamiento insuficiente de los traficantes y a un apoyo inadecuado a las víctimas. Ahí radica el imperativo de políticas que no sólo establezcan marcos para la justicia sino que también aseguren la asignación de los recursos y la capacitación necesarios.

Además, las políticas deben abordar las causas profundas de la trata, como la pobreza, la desigualdad y la corrupción, que crean un terreno fértil para la explotación. Por lo tanto, los esfuerzos para fortalecer la educación, promover oportunidades económicas y fomentar la buena gobernanza son componentes integrales de una estrategia holística contra la trata.

A nivel internacional, la lucha contra la trata de personas requiere cooperación y colaboración entre las naciones. Las políticas deben trascender las fronteras, reconociendo la naturaleza transnacional de las redes de trata. Esto implica la armonización de las leyes, el intercambio de inteligencia y recursos, y la adhesión a estándares y protocolos internacionales.

El papel de las organizaciones no gubernamentales (ONG) y las iniciativas religiosas a la hora de dar forma y apoyar las políticas contra la trata es invaluable. Estas entidades suelen estar en primera línea, ofreciendo información crítica sobre las necesidades de las víctimas y los mecanismos de la trata. Su labor de promoción genera conciencia e influye en las políticas, mientras que sus servicios brindan un salvavidas a quienes lo necesitan (Ann Stolz, 2007).

En este contexto, la Iglesia Católica y otras comunidades religiosas poseen una autoridad moral única y una red expansiva para movilizarse contra la trata. Las enseñanzas de la Iglesia sobre la dignidad de la persona humana y los males de la explotación resuenan profundamente y guían tanto la acción congregacional como los esfuerzos de promoción en varios niveles de gobierno.

De hecho, la formulación de políticas es un ámbito donde se cruzan la fe y la razón, donde los imperativos morales informan la legislación práctica. El compromiso de poner fin a la trata de personas, basado en un profundo respeto por la dignidad humana, exige políticas que reflejen tanto compasión como justicia.

La promoción desempeña un papel fundamental en este sentido, galvanizando la voluntad pública y política hacia la promulgación y aplicación de políticas eficaces contra la trata. Es a través de las voces de los fieles, los académicos y los profesionales que se comunica a quienes ocupan posiciones de poder la urgencia moral de combatir la trata.

Con este fin, el desarrollo de políticas que aborden la trata de personas requiere un enfoque multifacético, que involucre a los legisladores, las fuerzas del orden, las ONG, las comunidades religiosas y el público. Es un esfuerzo colectivo que requiere no sólo la formulación de leyes sino también el compromiso de implementarlas vigorosamente.

En conclusión, la lucha contra la trata de personas a través de políticas es un testimonio de lo que se puede lograr cuando la justicia, la compasión y la acción convergen. Es un llamado a todos los sectores de la sociedad a participar en un esfuerzo cohesivo y sostenido para erradicar este flagelo, devolviendo la dignidad y la esperanza a los más vulnerables entre nosotros.

Por lo tanto, mientras nos esforzamos por tejer los hilos éticos de nuestra humanidad compartida en el tejido de las políticas, permanezcamos firmes en nuestra búsqueda de la justicia e inquebrantables en nuestra compasión por los afligidos. Porque en esta noble búsqueda encarnamos la esencia misma de la comunidad y la profunda capacidad para el bien que nos define.

Recomendaciones de promoción y políticas

La lucha contra la trata de personas es una batalla que se libra no sólo en las calles y en las sombras, sino también dentro de los sagrados salones del gobierno. Es aquí, en el ámbito político, donde la lucha puede reforzarse significativamente mediante una formulación de políticas informada y una defensa enérgica. Este capítulo tiene como objetivo explorar una serie de recomendaciones de políticas que pueden servir como un faro para quienes se esfuerzan por iluminar y erradicar el oscuro mundo de la trata de personas.

En el centro de nuestra defensa está el principio de que todo ser humano posee una dignidad inherente que debe ser respetada y protegida. Esta convicción se alinea estrechamente con las enseñanzas morales fundamentales y tiene el poder de trascender las fronteras políticas y religiosas, reuniendo una coalición diversa detrás de la causa de la libertad humana.

La primera recomendación exige mejorar y aplicar rigurosamente la legislación existente contra todas las formas de trata de personas. Leyes como la Ley de Protección a las Víctimas de la Trata (TVPA) han sentado un precedente importante, pero aún persisten lagunas en su aplicación y sanciones. Fortalecer estas leyes, junto con la legislación a nivel estatal, puede disuadir a los traficantes y al mismo tiempo brindar justicia y apoyo a las víctimas (Merilainen y Vos, 2015).

Otra área crítica de enfoque es la implementación de programas integrales de capacitación para las fuerzas del orden y los socorristas. Reconocer los signos de la trata de personas es el primer paso para prevenir y perseguir este delito. Si garantizamos que quienes están en primera línea reciban una educación adecuada, podremos aumentar significativamente la identificación y el rescate de las víctimas.

La educación va más allá de la aplicación de la ley; Existe una necesidad apremiante de integrar la concientización sobre la trata de personas en el plan de estudios de los sistemas de educación pública. Al informar a los estudiantes sobre los peligros y las señales de la trata, empoderamos a las generaciones futuras para que se protejan a sí mismas y a sus pares.

La arena política también debe abordar la demanda que alimenta la industria del tráfico. Esto implica un enfoque multifacético que incluye la disrupción de las plataformas en línea utilizadas para la trata, un aumento de las sanciones para las personas y entidades cómplices y campañas de concientización pública que destaquen el costo humano de la trata.

Además, es imperativo proporcionar recursos adecuados para la recuperación de las víctimas. Esto implica reforzar la financiación para refugios, asesoramiento, asistencia jurídica y programas de reintegración. Las víctimas de la trata enfrentan un largo camino hacia la recuperación, y una sociedad que valora la dignidad humana debe estar preparada para caminar junto a ellas (Cordisco Tsai, 2022).

La colaboración internacional es otro pilar clave en la lucha contra la trata. Ninguna nación está sola en esta batalla; es un flagelo global que requiere una respuesta unida. Fortalecer las alianzas y compartir las mejores prácticas puede mejorar la eficacia de la comunidad global en la prevención de la trata, el procesamiento de los traficantes y la protección de las víctimas.

Incentivar a la comunidad empresarial para que audite sus cadenas de suministro en busca de trata de personas es otra recomendación de política. Al responsabilizar a las corporaciones por sus prácticas éticas, podemos reducir la demanda de mano de obra objeto de trata. Este esfuerzo puede respaldarse alentando a los consumidores a patrocinar empresas que prioricen los derechos humanos en sus operaciones.

La difícil situación de las personas víctimas de trata también debe encontrar voz en los medios de comunicación. La promoción de informes éticos sobre cuestiones de trata es crucial. Los medios de comunicación tienen el poder de moldear la percepción pública, y el periodismo responsable puede desempeñar un papel importante en la sensibilización y el fomento de la acción colectiva.

A un nivel más amplio, las políticas que abordan las desigualdades y vulnerabilidades sistémicas pueden ayudar a prevenir la trata. Por ejemplo, los programas de empoderamiento económico, la educación accesible y los servicios de apoyo pueden eliminar las condiciones que explotan los traficantes. Las políticas de atención de salud que incluyan exámenes de detección de signos de trata también pueden servir como herramienta de intervención temprana.

También es vital mejorar la protección legal para los denunciantes y sobrevivientes que se presentan. El miedo a las represalias puede silenciar a quienes, de otro modo, hablarían. Al crear un entorno seguro para denunciar la trata, podemos descubrir y abordar más casos de este atroz crimen.

Por último, se debe reconocer y ampliar el papel de las organizaciones religiosas en el apoyo a las víctimas. Estos grupos suelen servir como primer punto de contacto para los supervivientes, ofreciéndoles refugio, orientación y curación. Las políticas que facilitan la colaboración entre el gobierno y los servicios religiosos pueden ampliar el sistema de apoyo disponible para los sobrevivientes.

Como sociedad, es nuestra responsabilidad colectiva oponernos a la trata de personas. A través de una formulación de políticas informadas y una promoción sólida, podemos desmantelar las estructuras que permiten este crimen y restaurar la dignidad y la libertad de sus víctimas. La arena política tiene las claves para implementar estos cambios, guiada por una brújula moral que apunta inquebrantablemente hacia la justicia y la dignidad humana.

Capítulo 8: El papel de los educadores en la prevención

En la batalla multifacética contra la trata de personas, los educadores ocupan una posición crítica de primera línea, sirviendo no sólo como guardianes del conocimiento sino también como centinelas vigilantes que protegen a los vulnerables. No se puede subestimar el profundo impacto de la educación a la hora de prevenir el alcance de los traficantes. Alienta a los objetivos potenciales con el poder de la conciencia, iluminando a los estudiantes sobre las turbias realidades que acechan en las sombras de la sociedad, al mismo tiempo que fomenta un entorno donde cada niño es visto, escuchado y valorado. Mediante la incorporación de planes de estudio personalizados que aborden los matices de la trata de personas, los educadores pueden fomentar una cultura de vigilancia y empatía entre los jóvenes. Además, la formación integral de docentes y administradores es fundamental para establecer entornos escolares que no solo sean santuarios del aprendizaje sino también bastiones contra la explotación (Lemke, 2019).

Una parte integral de este enfoque es la implementación de programas destinados a equipar a los educadores con las herramientas necesarias para identificar señales de advertencia y responder adecuadamente. La evidencia empírica sugiere que tales intervenciones educativas mejoran significativamente la capacidad del personal escolar para actuar con decisión en casos sospechosos de trata. Mientras los educadores se encuentran en primera línea, su posición única les permite construir puentes entre las personas en riesgo y la ayuda necesaria, interrumpiendo así la cadena de explotación. El cultivo de esta función de salvaguardia, a través de una vigilancia constante y un desarrollo profesional, representa un paso proactivo hacia el desmantelamiento de las estructuras que permiten la trata de personas (Didier y Salas, 2020).

En conclusión, el papel de los educadores en la prevención de la trata de personas subraya la responsabilidad colectiva de proteger la inocencia y el potencial de cada niño. Al entrelazar la conciencia en el tejido de la educación, las escuelas se transforman en poderosas vanguardias de la prevención. Es un testimonio de la idea de que el conocimiento, cuando se ejerce con propósito y compasión, puede efectivamente iluminar los rincones más oscuros y guiar a nuestros jóvenes hacia costas más seguras (Farrell, 2011).

Concientización e integración curricular

En nuestro continuo viaje para analizar las funciones multifacéticas que contribuyen a la prevención de la trata de personas, dirigimos nuestra lente hacia el ámbito de la educación. Es un sector que tiene un poder incomparable a la hora de moldear la conciencia de las mentes jóvenes sobre los males sociales, y la trata de personas no es una excepción. Los educadores, en virtud de su posición, pueden iluminar los rincones oscuros donde la ignorancia genera desprecio y apatía.

Integrar la concientización sobre la trata de personas en el plan de estudios no es sólo una opción; es un imperativo moral que se alinea con la misión educativa más amplia de fomentar ciudadanos informados, empáticos y proactivos. Esta integración puede tomar muchas formas, desde la inclusión de temas de trata de personas en clases de estudios sociales, ética y salud hasta el desarrollo de programas especializados que capaciten a los estudiantes con el conocimiento para reconocer y responder a situaciones de trata (Zhu et al., 2020). .

El desafío, sin embargo, radica en crear contenido que sea apropiado para la edad pero que tenga impacto. La gravedad y la complejidad de la trata de personas deben transmitirse sin inducir miedo o angustia indebidos. Los educadores necesitan recursos y capacitación para navegar este delicado equilibrio, una tarea que requiere un apoyo significativo de las instituciones educativas, los formuladores de políticas y las organizaciones especializadas dedicadas a combatir la trata de personas.

Pero ¿por qué centrarse en la educación como primera línea en esta batalla? La respuesta está en el poder transformador de la conciencia. El conocimiento no sólo disipa mitos y conceptos erróneos en torno a la trata de personas, sino que también dota a las personas de las herramientas para reconocer posibles signos de trata y comprender su papel en la prevención. Esta conciencia es un poderoso elemento disuasivo contra la normalización de la explotación y sirve como un rayo de esperanza para las víctimas potenciales.

Además, la integración curricular fomenta una cultura de cuidado y vigilancia dentro del entorno escolar. Alienta a los estudiantes a cuidarse unos a otros y crea una comunidad informada menos susceptible a las manipulaciones de los traficantes. Los educadores pueden predicar con el ejemplo, demostrando cómo la vigilancia y la empatía contribuyen a la seguridad y el bienestar de todos los miembros de la comunidad.

Otra dimensión de este enfoque es el empoderamiento que ofrece a los estudiantes. Al abordar los complejos problemas que rodean la trata de personas, los estudiantes desarrollan habilidades de pensamiento crítico, empatía y un sentido de responsabilidad social. Estas lecciones van más allá del aula y equipan a los estudiantes con una brújula moral que los guía en la toma de decisiones éticamente sólidas a lo largo de sus vidas (Pooler et al., 2022).

Para integrar eficazmente la concientización sobre la trata de personas en el plan de estudios, la colaboración es clave. Los educadores deben trabajar junto con las autoridades locales, los sobrevivientes de la trata de personas y las ONG para brindar una visión integral del problema. Estas colaboraciones también pueden abrir vías para conferencias invitadas, talleres y campañas de concientización en toda la escuela, integrando aún más la comprensión de la trata de personas en la cultura escolar.

Es importante señalar, sin embargo, que la integración curricular no está exenta de desafíos. La naturaleza delicada de la trata de personas significa que los educadores deben estar preparados para manejar discusiones difíciles y ofrecer apoyo a los estudiantes que puedan verse afectados personalmente por el tema. Esto requiere un nivel de capacitación y preparación que muchos educadores tal vez no posean sin apoyo y recursos adicionales.

A pesar de estos desafíos, el impulso para la concientización y la integración curricular está ganando impulso. Las historias de éxito de escuelas que han implementado programas de concientización sobre la trata de personas sirven como testimonio del impacto positivo de tales iniciativas. Los estudiantes emergen no sólo más informados sino también más capacitados para contribuir a la solución.

En conclusión, la integración de la concientización sobre la trata de personas en el plan de estudios representa una palanca fundamental en la lucha contra la trata. Encarna el proverbial punto en el tiempo que salva a nueve, abordando el problema desde sus raíces cultivando una generación bien informada y empática. Sin embargo, se requiere un esfuerzo concertado de educadores, administradores, formuladores de políticas y socios comunitarios para garantizar que el enfoque no sólo se implemente sino que se mantenga.

Al contemplar el futuro del papel de la educación en la lucha contra la trata de personas, guiémonos por el principio de que la educación, en su forma más auténtica, no es simplemente impartir conocimientos sino formar el carácter. Al defender la concientización y la integración curricular, los educadores asumen el rol de custodios morales, guiando a sus alumnos hacia un horizonte donde la libertad y la dignidad sean derechos inalienables otorgados a todos.

Ahora, a medida que pasamos de los marcos teóricos a las aplicaciones prácticas, nuestro enfoque cambia hacia la formación de educadores y administradores escolares. Es un paso necesario para garantizar que la visión de una comunidad educativa consciente, informada y proactiva no sea sólo un ideal sino una realidad que podemos lograr juntos.

Formación de educadores y administradores escolares

La batalla contra la trata de personas requiere la participación de diversos sectores de la sociedad, entre los que los educadores y administradores escolares desempeñan un papel crucial. Es dentro de los confines de las instituciones educativas donde las mentes jóvenes no sólo aprenden sobre el mundo sino que también desarrollan la brújula moral para navegar en él. La formación de educadores y administradores escolares se convierte así no sólo en un acto de desarrollo profesional, sino en una misión imbuida de un profundo significado ético.

Dada la naturaleza insidiosa de la trata de personas, a menudo puede pasar desapercibida para el ojo inexperto. Esto subraya la necesidad imperativa de programas de capacitación que proporcionen al personal escolar el conocimiento y las herramientas para identificar posibles signos de trata entre los estudiantes. Dichos programas apuntan no solo a la detección sino también a crear un ambiente donde los estudiantes se sientan seguros para denunciar actividades sospechosas (Lemke, 2019).

El plan de estudios para la formación de educadores y administradores escolares debe abarcar una visión integral del tema. Debería abarcar las diversas formas de trata de personas, con énfasis en aquellas más relevantes para niños y adolescentes, como la trata laboral, la trata sexual y la explotación de jóvenes en equipos de ventas ambulantes. Esta base de conocimiento permite a los educadores contextualizar los factores y signos de riesgo que pueden observar en sus estudiantes.

Además, esta iniciativa educativa debe fomentar la comprensión del impacto psicológico de la trata en las víctimas. Los educadores, al estar en primera línea, deben poder acercarse a los estudiantes potencialmente víctimas de trata con sensibilidad y cuidado, ofreciendo un puente hacia la ayuda profesional que necesitan desesperadamente. Esto requiere capacitación en prácticas educativas informadas sobre el trauma, que prioricen la seguridad, la elección y la autonomía del sobreviviente.

La colaboración con las autoridades locales y las agencias de bienestar infantil es otro componente fundamental de esta capacitación. Los educadores y administradores escolares deben saber cómo navegar el proceso de denuncia de manera eficiente y legal, garantizando que las sospechas de trata se aborden con la urgencia y seriedad que exigen. Esta asociación también abre la puerta a conferencias invitadas y talleres de expertos, enriqueciendo aún más la base de conocimientos de la escuela.

La implementación de esta capacitación puede tomar varias formas, desde seminarios y talleres hasta cursos y módulos en línea. Es esencial que estas oportunidades de capacitación sean accesibles y obligatorias para todo el personal escolar, para garantizar un enfoque unificado e informado para combatir la trata dentro de los entornos educativos. La creación de funciones dedicadas a la lucha contra la trata dentro del personal escolar también puede impulsar una mayor concienciación y acción.

Los programas piloto han demostrado la eficacia de este tipo de iniciativas de formación. Las escuelas que han recibido capacitación integral contra la trata informan una mayor confianza entre los educadores en el manejo de casos sospechosos de trata, así como un aumento en las revelaciones de situaciones de explotación por parte de los estudiantes (Didier y Salas, 2020). Estos resultados dan fe del poder de una intervención informada y compasiva.

Además, es fundamental que esta formación no sea un evento puntual sino parte de un plan de desarrollo profesional continuo. El panorama de la trata de personas evoluciona, al igual que las tácticas que utilizan los traficantes. Serán necesarias actualizaciones periódicas y cursos de actualización para mantener la vigilancia y adaptar las estrategias en consecuencia.

La incorporación de elementos de fe y ética en la formación también puede anclar el compromiso de los educadores en una comprensión más profunda de su papel como protectores y guías. La reflexión sobre los principios bíblicos de justicia y la dignidad inherente de cada individuo puede proporcionar una motivación resistente para educadores y administradores en esta tarea desafiante pero vital.

Por último, la participación de los sobrevivientes en el desarrollo y entrega de materiales de capacitación puede ofrecer conocimientos invaluables y fomentar una comprensión más empática entre el personal escolar. Sus relatos de primera mano sacan a la luz las realidades de la trata, cuestionan estereotipos y conceptos erróneos e inspiran una postura diligente y proactiva contra este delito.

La responsabilidad que tienen los educadores y administradores escolares en la lucha contra la trata de personas es monumental. Al fomentar entornos que sean a la vez vigilantes y enriquecedores, las escuelas pueden convertirse en baluartes contra la explotación. Las iniciativas de capacitación son la base sobre la que se asienta este trabajo transformador, ya que equipan a quienes están a la vanguardia educativa con el conocimiento, las habilidades y el corazón para enfrentarse a las fuerzas de la trata (Greenbaum et al., 2018).

En conclusión, mientras la sociedad se enfrenta al aborrecimiento de la trata de personas, no se puede subestimar el papel de los educadores y administradores escolares. A través de una capacitación integral, estas figuras fundamentales pueden iluminar el camino hacia la seguridad para innumerables víctimas desprevenidas. Es un llamado a las armas que combina la comprensión intelectual con la fortaleza moral, y que encarna un compromiso con el bienestar y la dignidad de cada niño.

Capítulo 9: La contribución de la comunidad jurídica

En la batalla implacable contra la trata de personas, la comunidad jurídica está a la vanguardia, empuñando la espada de la justicia con precisión y compasión. Abogados y juristas han asumido esta noble causa, construyendo un baluarte contra la oscuridad mediante el procesamiento riguroso de los traficantes y la tierna defensa de las víctimas. Sus esfuerzos no son meros actos de deber profesional sino que están profundamente arraigados en un compromiso de defender la dignidad de cada ser humano. A través de la aplicación meticulosa de las leyes existentes, como la Ley de Protección a las Víctimas de la Trata (TVPA), los profesionales del derecho trabajan incansablemente para garantizar que los perpetradores de la trata rindan cuentas por sus crímenes, al mismo tiempo que forjan caminos para la restauración y el empoderamiento de quienes han sufrido. en sus manos.

Además, la comunidad jurídica actúa como un faro de esperanza y un agente de cambio al promover reformas legales que colmen las brechas en la legislación actual y abogar por políticas que prioricen la protección y rehabilitación de las víctimas de la trata (Smith et al., 2021). Los grupos de defensa legal colaboran con los legisladores, compartiendo conocimientos adquiridos en los tribunales para dar forma a leyes y políticas contra la trata de personas más efectivas. Gracias a estos esfuerzos de colaboración, se han logrado avances significativos en el aumento de la severidad de las penas para los traficantes, enviando así un fuerte mensaje disuasorio. Al mismo tiempo, los defensores legales garantizan que se escuchen las voces de los sobrevivientes, integrando sus experiencias y perspectivas en estrategias legales y reformas políticas para combatir la trata de manera más efectiva (Nelken, 2010).

Además, la contribución de la comunidad jurídica se extiende más allá de los tribunales y las cámaras legislativas. A través de campañas de concientización pública e iniciativas de educación jurídica, abogados y académicos del derecho están desmitificando las complejas cuestiones legales que rodean la trata de personas. Al educar al público sobre cómo reconocer los signos de la trata y comprender los remedios legales disponibles, están empoderando a las comunidades para que se conviertan en participantes activos en la lucha contra este flagelo. A medida que la batalla contra la trata de personas continúa evolucionando, la inquebrantable dedicación de la comunidad jurídica a la justicia sigue siendo una piedra angular de esperanza, no sólo para la restauración de quienes han sido víctimas de trata sino también para la prevención de futuros delitos (Atkins, 2008).

Enjuiciar a los traficantes

En la guerra contra la trata de personas, la comunidad jurídica ha sido convocada como un aliado crucial, encargada del formidable desafío de procesar a quienes perpetran estas graves injusticias. En todo el panorama de batallas legales, procesar a los traficantes no es simplemente un acto de imponer penas sino una profunda afirmación de la dignidad humana contra su profanación. Este capítulo se centra en las complejidades y los imperativos de este esfuerzo, navegando a través de las complejidades del derecho, la ética y las implicaciones sociales.

El procesamiento de los traficantes exige una comprensión meticulosa de la legislación federal y estatal. La Ley de Protección a las Víctimas de la Trata (TVPA) de 2000 sirve como piedra angular de los esfuerzos federales, estableciendo la trata de personas y delitos relacionados como delitos federales. Sin embargo, las leyes por sí solas no son suficientes. El enjuiciamiento exitoso de los traficantes depende de la aplicación efectiva de estos estatutos, lo que requiere un esfuerzo entrelazado de las agencias policiales locales, estatales y federales.

Un desafío crítico en el procesamiento de los traficantes radica en la identificación y protección de las víctimas. Las víctimas suelen sufrir un trauma profundo que les hace dudar a la hora de testificar contra sus abusadores. Por lo tanto, es esencial que los procedimientos legales estén templados con compasión y comprensión. Los enfoques centrados en las víctimas en el proceso de procesamiento no sólo ayudan en el proceso de curación de los sobrevivientes sino que también fortalecen el caso contra los traficantes al garantizar la disponibilidad y credibilidad de los testimonios de los testigos (Nelken, 2010).

La recopilación de pruebas en casos de trata de personas está plagada de dificultades. La fugacidad de las operaciones de trata, junto con la utilización de plataformas digitales para el reclutamiento y la explotación, requiere técnicas de investigación sofisticadas. Los organismos encargados de hacer cumplir la ley deben ser expertos en investigaciones cibernéticas y en la recopilación de pruebas digitales, así como en los métodos de vigilancia tradicionales.

Otra faceta del procesamiento de los traficantes es el imperativo de la colaboración interinstitucional e internacional. Dada la naturaleza a menudo transnacional de las redes de trata, la cooperación entre fronteras jurisdiccionales es vital. Esto implica no sólo compartir inteligencia y recursos, sino también armonizar los marcos legales y las leyes procesales para facilitar los procesos de extradición y la asistencia legal mutua.

El procesamiento de los traficantes de personas también pone de relieve la importancia de la defensa jurídica de las víctimas. Los defensores legales desempeñan un papel fundamental a la hora de navegar por el complejo panorama jurídico, garantizando que los derechos de las víctimas estén protegidos y que reciban la restitución y la justicia que merecen. Este aspecto subraya la necesidad de un sólido sistema de apoyo legal para los sobrevivientes, que abarque no solo la representación legal sino también el acceso a servicios sociales y psicológicos.

Además, no se pueden subestimar las dimensiones éticas de procesar a los traficantes de personas. La búsqueda de justicia debe equilibrarse con la protección de los derechos y el bienestar de las víctimas. Esta consideración ética exige un enfoque juicioso de la discreción procesal, el despliegue de métodos de investigación sensibles y la provisión de programas de protección de testigos (Aderemi y Adewole, 2022).

La sensibilización y la educación públicas desempeñan un papel fundamental en el procesamiento de los traficantes. Una sociedad informada sobre los signos de la trata y los recursos legales disponibles puede ser un aliado formidable para identificar y denunciar las actividades de trata. Los programas de extensión comunitaria y las iniciativas educativas pueden aumentar los esfuerzos de aplicación de la ley al fomentar un público vigilante.

Además, las prácticas de sentencia para los traficantes condenados son un tema de debate continuo. Una sentencia adecuada no sólo sirve para castigar al perpetrador sino que también actúa como elemento disuasivo para posibles traficantes. Por lo tanto, es imperativo que las penas sean proporcionales a la gravedad del delito, reflejando la grave violación de los derechos humanos inherente a los delitos de trata.

El papel de los fiscales en esta tarea es desafiante y crucial. Deben navegar las complejidades de los casos de trata con perspicacia jurídica, integridad ética y la determinación de defender la justicia. Los fiscales suelen estar a la vanguardia de las innovaciones jurídicas, empleando teorías y enfoques jurídicos novedosos para responsabilizar a los traficantes.

Las reformas legales también son vitales para mejorar el procesamiento de los traficantes. La promoción de cambios legislativos para cerrar las brechas en las leyes existentes e introducir medidas que faciliten el proceso de enjuiciamiento es una tarea constante de la comunidad jurídica. Dichas reformas pueden incluir disposiciones para la protección de víctimas y testigos, aumento de las penas y medidas para mejorar la eficiencia de los procesos relacionados con la trata.

La cooperación de las organizaciones no gubernamentales (ONG) con las autoridades legales puede tener un impacto significativo en el éxito de los procesamientos. Las ONG suelen desempeñar un papel vital en el apoyo a las víctimas, la sensibilización del público y la promoción de cambios de políticas. Su colaboración con el sistema legal mejora el enfoque holístico necesario para combatir eficazmente la trata de personas.

Finalmente, la búsqueda de justicia para las víctimas de la trata es un testimonio permanente de la resiliencia del espíritu humano. Cada proceso exitoso no sólo lleva a un traficante ante la justicia, sino que también restaura cierta dignidad a quienes fueron objeto de violaciones atroces. Encarna una afirmación colectiva de que la vida humana es inviolable y que la sociedad no tolerará su mercantilización.

En conclusión, procesar a los traficantes es un desafío multifacético que exige un esfuerzo concertado de toda la comunidad jurídica y de la sociedad en general. Es un llamado que requiere no sólo experiencia técnica jurídica sino también un profundo compromiso con la justicia, la compasión y los derechos humanos. A medida que continúa este trabajo crucial, la esperanza y el esfuerzo de todos los involucrados es ver un mundo donde se erradique la trata de personas y prevalezcan la libertad y la dignidad para todos.

Defensa Legal para las Víctimas

En el laberinto de sufrimiento humano que encarna la trata, la comunidad jurídica emerge como un faro de esperanza, defendiendo la causa de aquellos atrapados. La defensa legal de las víctimas no es sólo una cuestión de navegar por el sistema judicial; es el deber ético de restaurar la dignidad y los derechos de las personas que han sido despojadas de su autonomía. Esta responsabilidad implica no sólo procesar a los traficantes sino también garantizar que las víctimas reciban el apoyo y el reconocimiento necesarios para reconstruir sus vidas.

El primer paso en la defensa legal es reconocer la complejidad de los desafíos legales que enfrentan las víctimas. Las personas víctimas de trata a menudo se encuentran atrapadas en una red de problemas legales que se extienden más allá de los actos criminales inmediatos de sus traficantes. Estos pueden incluir complicaciones de inmigración, disputas de custodia y la necesidad de órdenes de protección, entre otras. Por lo tanto, una estrategia legal integral debe abordar tanto las necesidades legales penales como civiles de la víctima.

Un área importante de defensa implica ayudar a las víctimas con su estatus legal. Es posible que muchas víctimas, especialmente aquellas traficadas desde el extranjero, no tengan permiso legal para permanecer en el país. La Ley de Protección a Víctimas de

Trata (TVPA), establecida en 2000, introdujo medidas como la visa T, que permite a las víctimas de trata permanecer en los Estados Unidos y eventualmente solicitar la residencia permanente si ayudan en la investigación o el procesamiento de sus traficantes (Departamento de Estado de EE. UU., 2020). Los defensores legales desempeñan un papel crucial a la hora de navegar estos complejos procesos de inmigración en nombre de las víctimas.

Otra función crítica de la defensa legal es la búsqueda de restitución y compensación para las víctimas. No se puede subestimar el impacto perjudicial en la vida de una víctima (física, emocional y financieramente). Los defensores legales trabajan incansablemente para garantizar que las víctimas reciban restitución de sus tratantes, además de explorar otras vías de compensación, como fondos de compensación para las víctimas o demandas civiles contra los perpetradores y, en algunos casos, terceros negligentes.

La defensa de víctimas y testigos es otra piedra angular de la defensa legal. Navegar por el sistema de justicia penal puede ser una experiencia desalentadora y traumática para las víctimas. Los defensores legales sirven como enlaces entre las víctimas y los fiscales, brindan apoyo durante las entrevistas y los juicios y garantizan que los derechos de las víctimas se respeten durante todo el proceso de justicia penal.

Las cuestiones de confidencialidad y privilegios presentan desafíos únicos en la defensa legal. Dada la naturaleza delicada de los casos de trata, preservar la confidencialidad de las víctimas es primordial. Los defensores legales deben abordar estas cuestiones con cuidado, asegurándose de que la comunicación con sus clientes esté protegida y al mismo tiempo cumplan con los estándares y obligaciones legales (Nelken, 2010).

La promoción de políticas es otro aspecto crítico, ya que los defensores legales trabajan para influir y reformar las leyes y políticas a nivel estatal y federal para proteger y servir mejor a las víctimas de la trata. Esto incluye esfuerzos para agilizar los procesos legales para obtener visas T, aumentar el financiamiento para los servicios a las víctimas y garantizar que las leyes contra la trata sean integrales y se apliquen de manera efectiva.

La capacitación y la educación constituyen la base sobre la que descansa una defensa jurídica eficaz. Los profesionales del derecho deben estar equipados con un conocimiento profundo de los matices de las leyes sobre la trata de personas y las necesidades únicas de las víctimas de la trata. Esto incluye educación continua sobre nuevas leyes, políticas y mejores prácticas en defensa de las víctimas.

La colaboración con otros profesionales es indispensable en la lucha contra la trata. Los defensores legales a menudo trabajan en conjunto con las fuerzas del orden, los servicios sociales, los proveedores de atención médica y otras partes interesadas para garantizar una respuesta coordinada e integral a los casos de trata. Este enfoque multidisciplinario garantiza que las víctimas reciban el apoyo integral que necesitan para sanar y reconstruir sus vidas.

No se puede subestimar el papel de las iniciativas comunitarias y religiosas en el apoyo a la defensa jurídica. Estas organizaciones a menudo brindan servicios esenciales, como vivienda, asesoramiento y asistencia laboral, que complementan el apoyo legal que reciben las víctimas. Además, pueden desempeñar un papel fundamental a la hora de crear conciencia sobre la trata de personas y movilizar el apoyo de la comunidad.

El trauma indirecto que experimentan los defensores legales que trabajan en el campo de la trata de personas es un tema que requiere atención y apoyo. El costo emocional de afrontar el profundo sufrimiento de la víctima día tras día puede provocar agotamiento y estrés traumático secundario. Brindar apoyo en materia de salud y bienestar mental a los defensores es vital para sostener los esfuerzos de la comunidad legal contra la trata.

El camino de la defensa jurídica está plagado de desafíos, pero salpicado de momentos de profundo triunfo. Cada caso ganado representa no sólo una victoria legal sino un paso significativo hacia la justicia y la curación de la víctima. Por lo tanto, la defensa jurídica no es sólo una ocupación; es un llamado a solidarizarnos con aquellos que han sido marginados y silenciados.

El papel de la defensa jurídica en la lucha más amplia contra la trata de personas es fundamental y multifacético. Desde garantizar justicia y reparaciones para las víctimas hasta influir en las políticas y la legislación, los defensores legales desempeñan un papel indispensable para interrumpir los ciclos de explotación y abuso. Es un testimonio del poder de la profesión jurídica para lograr cambios tangibles y positivos en la sociedad.

En conclusión, la contribución de la comunidad jurídica a la lucha contra la trata de personas a través de la defensa de las víctimas subraya el profundo impacto que los profesionales del derecho pueden tener en las vidas de las personas y en la sociedad en su conjunto. A medida que la lucha contra la trata de personas continúa evolucionando, el compromiso y la dedicación de los defensores legales siguen siendo inquebrantables, impulsados por la búsqueda de la justicia, la dignidad humana y la libertad para todos.

Capítulo 10: Fronteras tecnológicas contra la trata

A medida que nos adentramos más en el corazón de este discurso, descubrimos la profunda simbiosis entre la tecnología y la lucha contra la trata de personas. En una era en la que Internet y las plataformas de redes sociales se han convertido en espadas de doble filo, que sirven a la vez como herramientas para los traficantes y como mecanismos de liberación, la búsqueda de soluciones innovadoras nunca ha sido más crítica. La columna vertebral de este capítulo profundiza en cómo la vigilancia y el monitoreo de dominios en línea han facilitado un salto notable en la identificación y rescate de víctimas (Muraskiewicz y Vacoula, 2016). Es una época de vigilantismo digital, donde se aprovechan soluciones basadas en algoritmos y técnicas de aprendizaje automático para detectar patrones y signos de actividad de tráfico, ofreciendo una apariencia de esperanza en medio del caos digital. Además, el surgimiento de tecnologías de identificación de víctimas representa un rayo de luz, que brinda una asistencia sin precedentes para identificar y ayudar a aquellos atrapados por las redes de trata. Esta narrativa no se trata simplemente de aprovechar las fronteras digitales; es un testimonio de la resiliencia humana y la destreza intelectual, que aprovecha el tejido mismo de la evolución tecnológica para salvaguardar la santidad de la dignidad y la libertad humanas (Landron, 2021). Estos avances no sólo subrayan un cambio significativo en el campo de batalla contra la trata, sino que también iluminan el camino para futuros esfuerzos destinados a erradicar esta plaga de la humanidad. A medida que nos sumergimos en estas fronteras tecnológicas, es imperativo equilibrar la innovación con consideraciones éticas, asegurando que nuestro celo por el progreso no eclipse el respeto por la privacidad y los derechos individuales, encarnando así las virtudes de la justicia y la compasión que forman la piedra angular de nuestro colectivo. espíritu (Bean, 2016).

Internet y redes sociales

En la época contemporánea, el ámbito digital, que abarca Internet y las redes sociales, se ha convertido en un arma de doble filo en el ámbito de la trata de personas. Por un lado, facilita a los traficantes la publicidad encubierta de sus servicios ilícitos y la trampa de personas desprevenidas a través de promesas y personas engañosas en línea. Un estudio de Landron (2021) describe cómo la era digital ha proporcionado a los traficantes mecanismos de manipulación y control sin precedentes, transformando efectivamente la fisonomía de la explotación. Por el contrario, esta extensión digital también presenta un terreno fértil para la innovación y la vigilancia en la cruzada contra este crimen atroz.

Entre el armamento contra la trata, han florecido herramientas de vigilancia y monitoreo, aprovechando la inteligencia artificial y la extracción de datos para detectar patrones indicativos de actividad de trata en línea. Iniciativas como el desarrollo de algoritmos capaces de examinar vastas extensiones de datos de Internet para identificar posibles escenarios de tráfico ejemplifican la fusión progresiva de tecnología y determinación humanitaria. Además, las plataformas de redes sociales, alguna vez criticadas como vías de explotación, ahora están siendo reconcebidas como bastiones de concientización y movilización comunitaria.

No se puede subestimar el papel imperativo de la colaboración entre las empresas tecnológicas y las fuerzas del orden. La sinergia de estas entidades en el aprovechamiento de herramientas digitales para la vigilancia de las actividades de trata genera un enfoque proactivo en lugar de reactivo ante la trata. Se fomenta una mayor cooperación a través de mecanismos como el intercambio de huellas digitales relacionadas con redes sospechosas de tráfico y la utilización de análisis de redes sociales para revelar redes de explotación (Muraszkiewicz y Vavoula, 2016).

Sin embargo, esta frontera emergente no está exenta de dilemas éticos. Las preocupaciones de vanguardia en materia de privacidad frente a la vigilancia y el potencial de uso indebido de las tecnologías de monitoreo subrayan la necesidad de un equilibrio juicioso entre la vigilancia y la protección de las libertades individuales. El discurso debe gravitar hacia el desarrollo de marcos que defiendan la dignidad humana y al mismo tiempo alienten los esfuerzos para desmantelar las redes de trata. Este delicado equilibrio busca encarnar el principio de que el avance tecnológico no debe superar la brújula moral que guía su aplicación.

En conclusión, el nexo entre Internet y las redes sociales en el contexto de la trata aclara un terreno plagado de peligros y promesas. A medida que el dominio digital continúa evolucionando, también deben hacerlo las metodologías empleadas para enfrentar la trata. Esta dinámica exige una reflexión continua, una innovación y, sobre todo, un compromiso inquebrantable con la preservación de la dignidad humana. A través de los esfuerzos concertados de todos los sectores de la sociedad, ya sean gubernamentales, tecnológicos o civiles, el flagelo de la trata se puede enfrentar de manera más efectiva en la era digital.

Vigilancia y seguimiento A medida que nos adentramos más en las estrategias empleadas en la batalla contra la trata de personas, nos encontramos en la confluencia de la tecnología y la vigilancia. Es dentro de este ámbito donde la vigilancia y el monitoreo emergen como herramientas críticas, aprovechando el poder de Internet y las redes sociales para identificar a las víctimas y detener a los traficantes. Sin embargo, este esfuerzo no está exento de dilemas y desafíos éticos, y requiere una conversación basada en la prudencia, la justicia y el respeto por la dignidad humana.

La era digital, si bien es un faro de progreso, sin darse cuenta se ha convertido en un facilitador de los aspectos más oscuros de la humanidad, incluida la trata de personas. Los traficantes explotan hábilmente el anonimato y el amplio alcance de Internet para reclutar, explotar y controlar a sus víctimas. Al reconocer esto, los organismos encargados de hacer cumplir la ley, junto con los innovadores tecnológicos, han comenzado a utilizar las mismas herramientas utilizadas por estos malhechores para frustrar sus acciones. Esto implica sofisticados mecanismos de vigilancia y sistemas de seguimiento destinados a detectar actividades en línea relacionadas con la trata.

A la vanguardia de esta lucha está el desarrollo y la aplicación de algoritmos capaces de rastrear las extensas redes de Internet para identificar patrones indicativos de actividades de tráfico.

Estos algoritmos buscan en anuncios, publicaciones en redes sociales y foros en línea señales que puedan sugerir explotación. Sorprendentemente, dicha tecnología ha sido fundamental para rescatar a víctimas y desmantelar redes de trata, lo que demuestra el potencial de las intervenciones tecnológicas en este ámbito.

Sin embargo, el empleo de vigilancia y seguimiento con el fin de combatir la trata de personas plantea importantes consideraciones éticas. El equilibrio entre proteger a las personas de daños y respetar su privacidad y sus derechos es delicado. Es un testimonio de nuestra responsabilidad moral colectiva garantizar que, en nuestro esfuerzo por proteger a los vulnerables, no infrinjamos inadvertidamente las libertades y privacidad que son fundamentales para una sociedad justa.

La Iglesia Católica, con su rica enseñanza social, enfatiza la dignidad inherente de cada persona humana y la necesidad del bien común. En este sentido, la Iglesia apoya los esfuerzos para erradicar la trata de personas, abogando por el uso de la tecnología como herramienta para el bien, siempre que respete la dignidad de las personas y promueva la justicia. Es este marco ético el que debe guiar el desarrollo y despliegue de tecnologías de vigilancia y monitoreo en la lucha contra la trata (Lee, 2013).

Además, la eficacia de estas herramientas tecnológicas depende en gran medida de la cooperación entre las distintas partes interesadas. Los organismos encargados de hacer cumplir la ley, las empresas de tecnología, las organizaciones no gubernamentales y las comunidades deben trabajar en conjunto, compartiendo información y recursos para mejorar la eficacia de los esfuerzos de monitoreo y garantizar la protección de los derechos humanos.

Uno de los desafíos importantes en el uso de la vigilancia y el monitoreo para combatir la trata de personas radica en la adaptabilidad de los traficantes. A medida que las autoridades evolucionan sus estrategias, también lo hacen quienes participan en la trata, encontrando métodos nuevos y encubiertos para evadir la detección. Esta dinámica requiere innovación y vigilancia continuas, lo que requiere recursos y compromiso tanto del sector público como del privado.

Además, existe el desafío de garantizar que el uso de la tecnología no conduzca a un estado de vigilancia. Las herramientas desarrolladas para combatir la trata deben regularse cuidadosamente, con directrices claras y supervisión para prevenir abusos. En este contexto, es fundamental promover políticas que salvaguarden la privacidad y al mismo tiempo permitan un seguimiento eficaz.

Un avance interesante en el ámbito de la vigilancia y el seguimiento es la creciente participación del público en la denuncia de actividades sospechosas de trata. Se han desarrollado aplicaciones para teléfonos inteligentes y plataformas en línea que permiten a los ciudadanos denunciar de forma anónima señales de trata, ampliando así la red de vigilancia a través de la participación comunitaria. Este enfoque no sólo ayuda a identificar y rescatar a las víctimas , sino que también fomenta una cultura de vigilancia y responsabilidad entre la población.

Si bien el enfoque en las soluciones tecnológicas es primordial, es esencial reconocer que la tecnología por sí sola no puede resolver el problema de la trata de personas. Son cruciales enfoques integrales que incluyan educación, empoderamiento económico y reforma legal. La vigilancia y el seguimiento, si bien son herramientas poderosas, son parte de una estrategia más amplia que requiere esfuerzos multidimensionales para abordar las causas profundas de la trata y proteger a los más vulnerables.

Al mirar hacia el futuro, el potencial de la inteligencia artificial y el aprendizaje automático para mejorar las capacidades de vigilancia y monitoreo ofrece esperanza. Estas tecnologías podrían proporcionar herramientas aún más matizadas y efectivas para identificar actividades de trata y ayudar a las víctimas. Sin embargo, a medida que aprovechamos estos avances, las consideraciones éticas y la necesidad de un enfoque centrado en el ser humano siguen siendo primordiales.

En conclusión, la vigilancia y el seguimiento representan avances significativos en la lucha contra la trata de personas. A través de la aplicación ética y la colaboración entre todos los sectores de la sociedad, estas herramientas pueden arrojar luz sobre los oscuros pasillos de las redes de trata, rescatar a las víctimas y llevar a los perpetradores ante la justicia. En este esfuerzo, estamos llamados a utilizar la tecnología con sabiduría, asegurando que nuestra lucha contra la trata defienda la dignidad de todos los individuos y luche por el bien común.

Nuestro compromiso de combatir la trata de personas mediante el uso prudente de la vigilancia y el monitoreo refleja nuestro compromiso más amplio con la justicia, la misericordia y la dignidad inherente de cada persona humana.

Innovación en identificación de víctimas

En la lucha contra la trata de personas, la combinación del conocimiento humano con los avances tecnológicos ha allanado nuevos caminos para identificar víctimas ocultas a plena vista. Al igual que la lámpara debajo del almud, las víctimas de la trata a menudo permanecen oscurecidas por la sombra de la ignorancia social y las limitaciones tecnológicas. Sin embargo, a medida que nos adentramos más en las fronteras tecnológicas contra la trata, emerge un rayo de esperanza a través de la innovación en la identificación de víctimas.

Una de las herramientas más transformadoras en este campo es la inteligencia artificial (IA), que, a través de su capacidad para analizar vastos conjuntos de datos, puede revelar patrones y conexiones que podrían eludir a los observadores humanos. Se han desarrollado algoritmos de inteligencia artificial para rastrear Internet, especialmente las plataformas de redes sociales y la web oscura, donde operan con frecuencia los traficantes. Al detectar anomalías en el comportamiento en línea o identificar imágenes que coinciden con indicadores conocidos de trata, estos algoritmos sirven como el equivalente moderno del centinela bíblico, vigilante en los muros de nuestras ciudades digitales (Nel, 2005).

La tecnología de reconocimiento facial mejora aún más nuestra capacidad para localizar a las víctimas. El reconocimiento facial, que alguna vez fue una herramienta para desbloquear teléfonos inteligentes o etiquetar amigos en publicaciones en redes sociales, ha evolucionado hasta convertirse en un activo fundamental para rastrear los movimientos de personas desaparecidas, algunas de las cuales están ocultas en las profundidades de las redes de tráfico. Cuando se integra con los sistemas de vigilancia en aeropuertos, hoteles y espacios públicos, el reconocimiento facial puede señalar a personas previamente reportadas como desaparecidas o en riesgo, ayudando en su rescate y aprehensión de sus captores (Chaffee y English, 2015).

Una herramienta menos conocida pero potente para la identificación de víctimas es el software de análisis lingüístico, que evalúa los anuncios y las comunicaciones en línea en busca de patrones consistentes con escenarios de trata. Esta tecnología profundiza en los matices sutiles del lenguaje, detectando indicadores de coerción o explotación. Su precisión refleja el discernimiento aconsejado en la sabiduría bíblica, permitiéndonos separar el trigo de la paja en vastos campos de información digital.

La tecnología Blockchain, reconocida por su seguridad y transparencia, ofrece un enfoque novedoso para salvaguardar las identidades de las víctimas y al mismo tiempo garantizar la integridad de las pruebas recopiladas durante las investigaciones de trata. A través de su libro de contabilidad descentralizado, blockchain puede almacenar de forma segura datos cifrados de entrevistas a las víctimas, imágenes de vigilancia y huellas digitales dejadas por los traficantes, fortaleciendo así los casos legales contra los perpetradores y al mismo tiempo protegiendo las identidades de las víctimas de represalias.

La colaboración entre sectores amplifica el impacto de estas innovaciones tecnológicas. Las asociaciones entre empresas de tecnología, organismos encargados de hacer cumplir la ley y organizaciones no gubernamentales han llevado al desarrollo de plataformas donde se puede compartir información sobre actividades sospechosas de tráfico de manera rápida y segura. Esta sinergia no sólo acelera la identificación y el rescate de las víctimas, sino que también encarna la acción colectiva necesaria para abordar la plaga moral de la trata de personas.

A pesar de estos avances, persisten desafíos. Las consideraciones éticas que rodean las tecnologías de vigilancia, la inteligencia artificial y el reconocimiento facial son temas de intenso debate. Las preocupaciones sobre la privacidad, el consentimiento y la posibilidad de uso indebido requieren un enfoque equilibrado que garantice que la búsqueda de la justicia no invada la dignidad y la libertad de las personas. Este equilibrio requiere sabiduría y discernimiento, virtudes ensalzadas tanto en los textos sagrados como en los tratados filosóficos, que nos guían hacia la acción ética en la era digital.

Además, la naturaleza dinámica de las redes de tráfico, que evolucionan en respuesta a las tácticas de aplicación de la ley, significa que las innovaciones tecnológicas deben perfeccionarse y actualizarse continuamente. Es un juego perpetuo del gato y el ratón, donde la vigilancia y la adaptabilidad son primordiales.

La conciencia pública y la educación juegan un papel crucial en este ecosistema tecnológico. A medida que las personas se informan más sobre los signos de la trata y las herramientas disponibles para denunciar actividades sospechosas, la capacidad colectiva para identificar y ayudar a las víctimas crece exponencialmente. Este compromiso social es similar al llamado a la responsabilidad comunitaria que se ve en parábolas y enseñanzas en todas las culturas y religiones.

De cara al futuro, la integración de la realidad virtual y aumentada en los programas de capacitación para agentes del orden y servidores públicos ofrece vías prometedoras para mejorar la identificación de escenarios de trata. Al simular entornos y situaciones del mundo real, estas tecnologías pueden mejorar la capacidad de las personas para reconocer y responder a las señales sutiles de la trata, fortaleciendo las primeras líneas de defensa contra este crimen atroz.

No se puede subestimar el papel de las leyes y regulaciones de privacidad de datos en la configuración del uso de la tecnología en la identificación de víctimas. Mientras los legisladores lidian con las implicaciones de las tecnologías emergentes, es crucial la creación de marcos legales que permitan la identificación efectiva de las víctimas y protejan los derechos individuales. Aquí radica un llamado a la acción para que los responsables de la formulación de políticas aborden estas cuestiones complejas con sabiduría y previsión.

El camino a seguir exige un enfoque multifacético, que combine la innovación tecnológica con la consideración ética, la colaboración intersectorial y la educación continua. A medida que aprovechamos el vasto potencial de la tecnología al servicio de la dignidad humana, encarnamos la búsqueda colectiva de una justicia que trascienda las fronteras religiosas, culturales y nacionales (Butler, 2014).

En conclusión, la innovación en la identificación de víctimas es un testimonio de la capacidad del ingenio humano para enfrentar el flagelo de la trata. A través de la aplicación considerada de la tecnología, la colaboración entre disciplinas y la adhesión a principios éticos, forjamos un futuro donde la libertad prevalece sobre la explotación. En este esfuerzo, nos hacemos eco de la antigua aspiración de liberación, recordando las profundas palabras que han inspirado a generaciones: "Deja ir a mi pueblo".

Capítulo 11: Colaboración internacional

En la lucha incesante contra la trata de personas, no se puede subestimar el papel de la colaboración internacional. Es a través de los esfuerzos combinados de las naciones que encontramos la fuerza para enfrentar este mal generalizado que no conoce fronteras. Las asociaciones para la prevención, como se destaca en este capítulo, demuestran un frente unido que aprovecha las organizaciones y acuerdos globales para combatir la trata de personas (Foot, 2020). Estas alianzas reúnen la experiencia, los recursos y la autoridad necesarios para desmantelar las redes de trata y brindar justicia y curación a las víctimas. Por ejemplo, la colaboración entre agencias de la ONU y ONG ofrece un enfoque estratégico para la promoción de políticas, el apoyo a las víctimas y la rendición de cuentas de los perpetradores. Tales esfuerzos cooperativos significan esperanza en la oscuridad, haciéndose eco del llamado bíblico a "defender a los oprimidos, defender la causa de los huérfanos, defender el caso de la viuda" (Isaías 1:17, NVI). No se puede subestimar la importancia de estas asociaciones para encabezar iniciativas que abarcan todos los continentes, ya que permiten la implementación de estrategias integrales que apuntan a las raíces y ramas de la trata de personas. A través de la colaboración global, no solo compartimos la carga del combate sino también la visión de libertad y restauración para todos los hijos de Dios, encapsulando un llamado universal a la acción que trasciende las divisiones culturales y políticas.

Alianzas para la prevención

En el esfuerzo concertado para combatir el grave pecado y delito de la trata de personas, no se puede subestimar la necesidad de colaboración internacional. Tal como se expresa en el marco de nuestra sociedad global, el malestar de la trata no se limita a fronteras políticas o geográficas. Prospera en los rincones oscuros de nuestro mundo interconectado, explotando a los vulnerables en todas las naciones. Es en este contexto que 'Asociaciones para la Prevención' surge como un rayo de esperanza, subrayando el axioma de que en la unidad está la fuerza. Basándose en principios de compasión, justicia y solidaridad, estas asociaciones representan la confluencia de diversos esfuerzos destinados a erradicar esta plaga de la humanidad.

En el centro de estas colaboraciones se encuentran organizaciones y acuerdos globales que sirven como ejes en el esfuerzo internacional contra la trata. Acuerdos como el Protocolo de las Naciones Unidas para prevenir, reprimir y sancionar la trata de personas, especialmente mujeres y niños, complementan los tratados regionales y bilaterales, creando un marco jurídico sólido. Estos acuerdos facilitan la extradición, la asistencia legal mutua y el intercambio de mejores prácticas entre las naciones (Naciones Unidas, 2000). Sin embargo, más allá de los instrumentos legales, estas asociaciones fomentan un espíritu de cooperación que trasciende el mero cumplimiento de las leyes. Encarnan un imperativo moral compartido de elevar la dignidad de cada ser humano, haciéndose eco del llamado universal a "actuar con justicia, amar la misericordia y caminar humildemente con tu Dios" (Miqueas 6:8).

La eficacia de dichas asociaciones internacionales se amplifica mediante la participación de organizaciones no gubernamentales, grupos religiosos y la sociedad civil. Estas entidades aportan una gran cantidad de experiencia, recursos y, lo que es más importante, conexiones de base que son indispensables en la lucha contra la trata. Por ejemplo, organizaciones como la Misión de Justicia Internacional trabajan junto con las fuerzas del orden locales en varios países para rescatar a las víctimas y procesar a los traficantes, lo que demuestra el impacto tangible de los esfuerzos de colaboración (Misión de Justicia Internacional, 2021). De manera similar, las iniciativas basadas en la fe aprovechan sus amplias redes y su autoridad moral para brindar atención a los sobrevivientes y abogar por un cambio sistémico, incorporando el mandato bíblico de "defender a los débiles y a los huérfanos; defender la causa de los pobres y los oprimidos" (Salmo 82). :3).

Sin embargo, para que estas asociaciones alcancen su máximo potencial, es imperativo un enfoque multifacético. Esto implica no sólo medidas proactivas para prevenir la trata y proteger a las víctimas, sino también estrategias destinadas a abordar las causas profundas de la vulnerabilidad, como la pobreza, la desigualdad y la discriminación. Las campañas de educación y sensibilización pública desempeñan un papel crucial a este respecto, ya que empoderan a las comunidades para que reconozcan y resistan los mecanismos de la trata. Además, las iniciativas de empoderamiento económico ofrecen a los sobrevivientes y a las personas en riesgo alternativas viables a la explotación, rompiendo así el ciclo de vulnerabilidad.

Al contemplar el camino a seguir, queda claro que la batalla contra la trata de personas requiere un esfuerzo sostenido y cooperativo. Si bien persisten desafíos, el progreso logrado a través de alianzas internacionales ofrece un testimonio del poder de la acción colectiva. Guiados por una brújula moral que valora cada vida humana, estamos llamados a ampliar el círculo de compasión y cooperación, forjando alianzas que trasciendan las fronteras en la búsqueda de un mundo libre del flagelo de la trata.

Organizaciones y acuerdos globales A medida que profundizamos en los mecanismos de colaboración internacional en la lucha incesante contra la trata de personas, debemos reconocer el papel fundamental que desempeñan las organizaciones y acuerdos globales. Estas entidades no sólo fomentan la cooperación entre naciones sino que también estandarizan enfoques para combatir la trata, asegurando que los esfuerzos no estén fragmentados ni aislados. Este capítulo busca iluminar el laberinto de redes y tratados internacionales que constituyen nuestro baluarte colectivo contra el flagelo de la trata de personas.

Las Naciones Unidas, a través de su Oficina contra la Droga y el Delito (UNODC), han estado a la vanguardia, liderando esfuerzos con el Protocolo para Prevenir, Reprimir y Sancionar la Trata de Personas, especialmente Mujeres y Niños, también conocido como Protocolo de Palermo. Este tratado histórico, que forma parte de la Convención más amplia de las Naciones Unidas contra la Delincuencia Organizada Transnacional, ofrece una definición integral de la trata de personas y establece el plan para la criminalización de todas las formas de trata (Naciones Unidas, 2000).

Más allá de establecer definiciones, el Protocolo de Palermo enfatiza la estrategia de las 'tres P': Prevención, Protección de las víctimas y Enjuiciamiento de los traficantes. Es la adhesión a estos principios lo que guía la respuesta de la comunidad internacional a la trata, asegurando que los esfuerzos no sean únicamente punitivos, sino también dirigidos a la rehabilitación y la erradicación de sus causas fundamentales.

Otra entidad fundamental en esta lucha global es la Organización Internacional del Trabajo (OIT), que se centra en la erradicación del trabajo forzoso y el trabajo infantil, dos componentes críticos de la trata de personas. A través de convenios como el Convenio sobre el trabajo forzoso (núm. 29) y el Convenio sobre las peores formas de trabajo infantil (núm. 182), la OIT establece normas laborales internacionales que combaten los fundamentos económicos de la trata (Organización Internacional del Trabajo, 1930, 1999).

No se puede subestimar el papel de las coaliciones regionales, ya que brindan una respuesta personalizada que considera los matices culturales, económicos y políticos únicos de cada región. La Unión Europea, por ejemplo, adoptó la Directiva 2011/36/UE sobre prevención y lucha contra la trata de seres humanos y protección de sus víctimas, que armoniza las leyes contra la trata en todos los estados miembros, asegurando una respuesta unificada dentro de Europa (Parlamento Europeo y Consejo, 2011).

En África, el Plan de Acción de Uagadugú de la Unión Africana para combatir la trata de seres humanos, especialmente mujeres y niños, ejemplifica un compromiso a nivel continental para abordar la trata mejorando la cooperación y adoptando medidas integrales centradas en la prevención, la protección, el enjuiciamiento y la asociación (Unión Africana , 2006).

Las Américas no se quedan atrás: la Organización de Estados Americanos (OEA) adoptó el Plan de Trabajo contra la Trata de Personas en el Hemisferio Occidental. Este plan se centra en fortalecer las capacidades de los Estados miembros para prevenir y combatir la trata, con especial énfasis en proteger a las víctimas y promover sus derechos.

Estos marcos, acuerdos y organizaciones son fundamentales para fomentar un entorno de cooperación, compartir mejores prácticas y garantizar que las naciones no combatan la trata de forma aislada. La colaboración internacional facilita el intercambio de inteligencia, refuerza los marcos legales y de aplicación de la ley y mejora los sistemas de apoyo a las víctimas a través de las fronteras.

Sin embargo, la eficacia de estos acuerdos y organizaciones globales depende del compromiso y la acción de los estados miembros individuales. Las leyes nacionales deben estar alineadas con los estándares internacionales, y los países deben invertir en la infraestructura y los recursos necesarios para que estos marcos se traduzcan en resultados tangibles sobre el terreno.

Además, no se pueden pasar por alto las dimensiones espirituales y morales de esta lucha. La trata, en esencia, es una violación atroz de la dignidad humana, un principio fundamental en muchas tradiciones religiosas, incluido el catolicismo. La Iglesia Católica, con su amplia presencia global y autoridad moral, desempeña un papel crucial en la creación de conciencia, la defensa de las víctimas y el apoyo a los esfuerzos contra la trata tanto a nivel local como internacional.

Mientras navegamos por este complejo panorama de organizaciones y acuerdos globales, es imperativo que todas las partes interesadas, desde los gobiernos hasta las comunidades religiosas y la sociedad civil, trabajen en conjunto para erradicar la trata de personas. La lucha contra la trata no es simplemente un desafío legal o político sino un imperativo moral que exige una respuesta unificada y global arraigada en los principios de la dignidad y la libertad humanas.

Dentro de este marco de colaboración, hay espacio para que todos contribuyan, desde quienes formulan políticas hasta quienes están en primera línea brindando refugio y rehabilitación a las víctimas. Nuestra acción colectiva, basada en la empatía y la justicia, puede forjar un futuro en el que la trata de personas quede relegada a los anales de la historia.

En conclusión, al reflexionar sobre el papel de las organizaciones y acuerdos globales en la lucha contra la trata de personas, queda claro que, si bien se han logrado avances significativos, el camino por recorrer sigue siendo desalentador. El tejido de la cooperación internacional, tejido a través de tratados y organizaciones, proporciona la estructura dentro de la cual se puede combatir esta grave injusticia. Sin embargo, es a través de nuestra humanidad compartida, sustentada por la fe y el coraje moral, que finalmente prevaleceremos en esta lucha.

Capítulo 12: Esfuerzos comunitarios y voluntariado

En nuestro esfuerzo colectivo por erradicar la plaga de la trata de personas en nuestras comunidades, se vuelve imperativo galvanizar los esfuerzos locales y fomentar una cultura de voluntariado. En el centro de estas misiones impulsadas por la comunidad está el entendimiento de que cada individuo, independientemente de su vocación -ya sea en el ámbito académico, policial, jurídico, político o dentro de la santidad de la vida religiosa- desempeña un papel fundamental en la batalla contra este atroz crimen. Al aprovechar el activismo de base, las comunidades pueden cultivar un entorno vigilante y receptivo que identifique y ayude de manera preventiva a las víctimas y, al mismo tiempo, se oponga firmemente a los traficantes (Leventhal, 2019). Las redes de apoyo encabezadas por voluntarios ofrecen recursos tangibles y consuelo emocional a quienes son rescatados de las garras de la trata, facilitando su viaje hacia la curación y la integración en la sociedad. Además, la fortaleza de los vínculos comunitarios se convierte en un baluarte contra el aislamiento que a menudo explotan los traficantes. Los estudios empíricos subrayan la eficacia de las iniciativas localizadas dirigidas por voluntarios no sólo para brindar asistencia inmediata a las víctimas sino también para fomentar un espíritu de vigilancia que disuada a los traficantes. Así, el mosaico de esfuerzos comunitarios, apuntalados por un espíritu de voluntariado, emerge como una fuerza formidable en el entramado más amplio de estrategias contra la trata, haciéndose eco del mandato bíblico de "amar a tu prójimo como a ti mismo" de manera profunda y práctica.

Activismo de base

En nuestro viaje a través de la batalla multifacética contra la trata de personas, encontramos el ámbito vibrante y esencial del activismo de base. En el centro de los esfuerzos comunitarios y el voluntariado, el activismo de base encarna el poder colectivo de individuos unidos por una visión compartida de justicia y dignidad humana. Es un testimonio de la creencia de que cada voz importa y de que el cambio, a menudo monumental, comienza con el paso más pequeño.

El activismo de base obtiene su fuerza del nivel local, aprovechando las ideas, pasiones y capacidades únicas de los miembros de la comunidad. Opera bajo la premisa de que quienes están más familiarizados con los matices de su comunidad están en mejor posición para identificar sus vulnerabilidades a la trata de personas. A través de campañas de concientización, educación y acción directa, los activistas de base trabajan incansablemente para iluminar los rincones oscuros donde prospera la trata.

Las iniciativas lideradas por la comunidad suelen servir como primera línea de defensa contra la trata de personas. Crean espacios seguros para el diálogo, donde se puede desmantelar el estigma que rodea al tema y los sobrevivientes pueden compartir sus historias. En este caso, no se puede subestimar la importancia de las narrativas, ya que cierran la brecha entre las estadísticas y la experiencia humana, fomentando una comprensión y una empatía más profundas dentro de la comunidad.

La movilización de esfuerzos de base puede adoptar muchas formas, desde caminatas de sensibilización y recaudación de fondos hasta la formación de grupos de vigilancia locales. Estas actividades no solo elevan el perfil de la trata de personas dentro de la comunidad, sino que también generan fondos vitales que apoyan los programas de recuperación de las víctimas y las medidas preventivas (Foot, 2020).

Otro aspecto crítico del activismo de base es su papel en la promoción de políticas. Armados con conocimiento de primera mano sobre el impacto de la trata, los activistas presionan para lograr legislación que mejore los servicios de apoyo a las víctimas, fortalezca la capacidad de las fuerzas del orden para procesar a los traficantes y promueva programas educativos dirigidos a poblaciones en riesgo.

La colaboración es el elemento vital de un activismo de base eficaz. Al forjar asociaciones con escuelas, comunidades religiosas, autoridades policiales y otras partes interesadas, los activistas crean una red cohesiva que amplifica su mensaje y amplía su alcance. Esta unidad en la diversidad marca la convergencia de diversas perspectivas, habilidades y recursos, todos aprovechados hacia un objetivo común.

Los activistas de base también sirven como perros guardianes, responsabilizando a las instituciones y funcionarios por su papel en la lucha contra la trata o en su perpetuación inadvertida. A través de una defensa persistente y la educación pública, ejercen presión sobre los formuladores de políticas y las entidades corporativas, exigiendo transparencia, rendición de cuentas y un compromiso con las prácticas éticas.

El impacto del activismo de base no se limita a la prevención y la acción directa; también desempeña un papel fundamental en la configuración de las actitudes sociales hacia las víctimas de la trata de personas. Al desafiar los estereotipos y disipar mitos, los activistas fomentan una cultura de compasión y comprensión que trasciende el juicio y el estigma.

La educación es una piedra angular de los esfuerzos de base. Los talleres y seminarios destinados a dotar a las personas de los conocimientos necesarios para reconocer y responder a las señales de trata son fundamentales para la movilización. Aquí, el poder de la información se hace evidente, a medida que los ciudadanos ilustrados se transforman en guardianes vigilantes de su comunidad.

El voluntariado es el motor que impulsa los movimientos de base. La dedicación desinteresada de los voluntarios, que a menudo equilibran el activismo con su vida personal y profesional, es un faro de esperanza y humanidad. Su compromiso ejemplifica el profundo impacto de la acción colectiva y sirve de inspiración para que otros se unan a la causa.

La era digital ha brindado al activismo de base nuevas plataformas y herramientas, ha ampliado su alcance y ha facilitado el intercambio de recursos, estrategias e historias de éxito. Las redes sociales, en particular, han demostrado ser un potente instrumento de concientización y movilización, que permite a los activistas conectarse con una audiencia global y galvanizar el apoyo internacional.

Los desafíos que enfrentan los activistas de base son múltiples, incluidos recursos limitados, agotamiento y, en ocasiones, confrontaciones con adversarios poderosos. Sin embargo, es su resiliencia y adaptabilidad lo que les permite superar estos obstáculos, impulsados por un compromiso inquebrantable con la justicia y los derechos humanos.

En la lucha contra la trata de personas, no se puede subestimar el papel de la fe. Muchas organizaciones de base se basan en principios espirituales para sostener sus esfuerzos, encontrando fortaleza y guía en sus convicciones. Esta dimensión espiritual enriquece el activismo, dotándolo de un sentido de propósito que trasciende lo material y lo inmediato.

La esencia del activismo de base radica en su capacidad para empoderar a los individuos, aprovechando el poder colectivo de las comunidades en pos de un mundo libre de explotación. Es un recordatorio de que cada uno de nosotros tiene el potencial de efectuar cambios, de encender una vela en la oscuridad. Si nos mantenemos unidos, nuestras fuerzas unidas pueden cambiar el rumbo contra la trata de personas, allanando el camino hacia la liberación y la curación.

En conclusión, la lucha contra la trata de personas es una batalla que se libra en muchos frentes. Entre ellos, el activismo de base se destaca por su impacto, resiliencia y capacidad de involucrar al corazón de las comunidades. Encarna la creencia de que el cambio está a nuestro alcance, que juntos podemos forjar un futuro en el que prevalezcan la libertad y la dignidad para todos.

Apoyando a las víctimas en su comunidad

Al abordar el profundo flagelo de la trata de personas, resulta imperativo no sólo enfrentar a los perpetradores sino también extender una mano de consuelo y asistencia a las víctimas atrapadas por este crimen atroz. Dentro de nuestras comunidades reside el potencial sin explotar y la obligación moral de ser santuarios de curación y esperanza para quienes han sido sometidos a injusticias tan graves.

En el centro de los esfuerzos comunitarios para apoyar a las víctimas se encuentra el principio de empatía, una virtud profundamente arraigada en las enseñanzas y el ejemplo de Cristo mismo. Es a través de la empatía que podemos comenzar a comprender el profundo trauma que experimentan las víctimas de la trata y, así, adaptar nuestra asistencia para satisfacer sus necesidades multifacéticas (Plant, 2013).

Uno de los pasos iniciales para apoyar a las víctimas en su comunidad es cultivar una cultura de conciencia y comprensión. Las ideas erróneas y la falta de conocimientos sobre la trata de personas a menudo pueden obstaculizar los esfuerzos para ayudar a las víctimas de manera eficaz. Las campañas educativas, los seminarios y los talleres pueden iluminar las realidades de la trata, desmantelar mitos y preparar a los miembros de la comunidad para identificar y ayudar a las víctimas adecuadamente.

Es crucial fomentar asociaciones entre organizaciones comunitarias, fuerzas del orden y grupos religiosos. Estas colaboraciones garantizan que se coordinen los esfuerzos y se combinen recursos para brindar apoyo integral a las víctimas. Estas alianzas pueden crear refugios seguros donde las víctimas puedan encontrar refugio, asistencia jurídica, asesoramiento y atención espiritual.

Ofrecer servicios de apoyo especializados es otro aspecto crítico de ayudar a los sobrevivientes de la trata. Asegurar el acceso a atención médica basada en el trauma, representación legal para abordar cuestiones de inmigración o justicia penal y programas de capacitación laboral puede impactar drásticamente el camino de un sobreviviente hacia la reconstrucción de sus vidas.

La promoción desempeña un papel fundamental en el apoyo a las víctimas a nivel comunitario. Los esfuerzos para influir en las políticas locales, impulsar la asignación de recursos a los servicios para las víctimas y aumentar la conciencia pública sobre la trata pueden fomentar un entorno que priorice las necesidades y los derechos de las víctimas.

La atención espiritual, que a menudo se pasa por alto, es vital para abordar las profundas heridas que la trata inflige a sus víctimas.

Ofrecer espacios para la curación espiritual, guiados por los principios de compasión, perdón y redención, puede ayudar en la recuperación integral de los sobrevivientes.

El voluntariado es la columna vertebral de los esfuerzos comunitarios para apoyar a los sobrevivientes de la trata. Los voluntarios pueden ofrecer su tiempo, habilidades y recursos en diversas capacidades, desde dotar de personal a líneas directas hasta brindar servicios de tutoría o tutoría a los sobrevivientes que intentan reconstruir sus vidas.

En este noble esfuerzo, es primordial que los esfuerzos para apoyar a las víctimas estén guiados por el respeto a su dignidad y autonomía. Un enfoque centrado en los sobrevivientes que respete los deseos, la privacidad y la seguridad de las víctimas garantiza que la asistencia brindada realmente las beneficie sin causar más daño sin darse cuenta.

La creación de programas de concientización y capacitación para profesionales que podrían entrar en contacto con las víctimas, como trabajadores de la salud, educadores y personal encargado de hacer cumplir la ley, puede conducir a una identificación e intervención tempranas, lo que afecta significativamente los resultados para los sobrevivientes de la trata.

Las iniciativas comunitarias, como los programas de casas seguras y los grupos de defensa de sobrevivientes, pueden empoderar a las víctimas a través del apoyo de pares y experiencias compartidas. Estas iniciativas no sólo ayudan en la recuperación sino que también inculcan un sentido de pertenencia y propósito entre los sobrevivientes.

Al aprovechar la tecnología, las comunidades pueden ofrecer soluciones innovadoras para apoyar a las víctimas. Desde el desarrollo de aplicaciones que brindan recursos e información a las víctimas de manera discreta hasta el uso de plataformas de redes sociales para crear conciencia y abogar por cambios de políticas, el ámbito digital tiene un inmenso potencial para amplificar los esfuerzos para ayudar a los sobrevivientes de la trata (Aderemi y Adewole, 2022) .

Por último, las instituciones de enseñanza, al integrar la educación sobre la trata de personas en sus planes de estudios, pueden formar una próxima generación que no sólo esté bien informada sobre el tema, sino también apasionada por contribuir a la erradicación de la trata y apoyar a las víctimas de manera tangible.

Cada individuo posee la capacidad de contribuir a la curación y el empoderamiento de las víctimas de la trata. Es a través de nuestra acción colectiva, basada en la empatía, la compasión y el compromiso con la justicia, que podemos esperar reparar el tejido de nuestras comunidades, destrozado por los males de la trata. Por lo tanto, respondamos a este llamado con determinación inquebrantable, aprovechando nuestros recursos, habilidades y fe para forjar caminos de recuperación y resiliencia para aquellos que han sufrido demasiado, durante demasiado tiempo.

Capítulo 13: Factores económicos y soluciones

En la exploración del intrincado laberinto que es la trata de personas, las fuerzas económicas emergen como combustible para su perpetuación y como claves para su disolución. En el centro de este enigma se encuentra la demanda de mano de obra y servicios traficados, un espejo oscuro que refleja los valores más altos y más bajos de nuestra sociedad. Al reconocer esto, las estrategias para el empoderamiento económico se convierten no sólo en intervenciones sino en imperativos morales para quienes buscan justicia. Al forjar caminos hacia la independencia financiera y la estabilidad para las poblaciones en riesgo, iluminamos el camino para salir de la explotación. Las iniciativas que fomentan el comercio justo y el consumo ético cortan los salvavidas financieros de las industrias explotadoras, revelando la fortaleza del mercado como fuerza para el bien cuando se maneja con conciencia (Broderick, 2005). Además, la inversión en educación y formación profesional dota a las personas vulnerables a la trata de la armadura de la autosuficiencia, desafiando la desesperación económica que explotan los traficantes (Punam y Sharma, 2018). Este enfoque dual, que ataca tanto la oferta como la demanda, crea un marco sostenible para desmantelar las redes de tráfico. Sin embargo, a medida que perfeccionamos estas soluciones, también debemos permanecer atentos y comprender que los paisajes económicos cambian constantemente y que nuestras estrategias también deben adaptarse (Bales, 2020). Por lo tanto, mientras navegamos por las aguas turbulentas de los factores económicos, anclamos nuestros esfuerzos en la búsqueda de la dignidad para todos, conscientes de que en la batalla contra la trata de personas, nuestra arma más poderosa es nuestra humanidad compartida.

La demanda de mano de obra y servicios objeto de trata

En la búsqueda para abordar integralmente la trata de personas, un área importante requiere una exploración exhaustiva: la demanda de mano de obra y servicios objeto de trata. Esta demanda, a la vez insidiosa y generalizada, alimenta el mercado clandestino, perpetuando un ciclo de explotación y sufrimiento. Un análisis de esta demanda, sus raíces y su sustento es fundamental para formular soluciones viables.

En el centro de la demanda de mano de obra y servicios traficados se encuentra una cruda realidad económica: la búsqueda de costos reducidos y ganancias maximizadas. Las industrias de diversos sectores, desde la agricultura hasta la construcción, desde el trabajo doméstico hasta el comercio sexual, a menudo buscan la mano de obra más barata posible para mantener o aumentar los márgenes de ganancia. Esta búsqueda conduce frecuentemente a la explotación de poblaciones vulnerables, donde los traficantes cubren la demanda con trabajo forzoso o bajo coacción.

La propia naturaleza del consumismo, con su incesante demanda de precios más bajos y una oferta siempre disponible de bienes y servicios, fomenta inadvertidamente la proliferación de redes de tráfico. La mayoría de los consumidores siguen sin ser conscientes del coste humano real que conllevan los productos y servicios que disfrutan. Esta desconexión entre el consumo y sus consecuencias juega un papel crucial en el mantenimiento de las operaciones de tráfico (Blanton y Blanton, 2020).

Las políticas gubernamentales y las prácticas de aplicación de la ley también impactan la demanda de mano de obra objeto de trata. Las leyes que protegen inadecuadamente los derechos de los trabajadores o no penalizan a las empresas que se benefician de prácticas laborales de explotación aumentan indirectamente la rentabilidad de la trata. La falta de una aplicación estricta de las leyes laborales existentes crea un entorno en el que la mano de obra traficada puede prosperar bajo la apariencia de empleo legítimo.

Las actitudes sociales hacia la migración y el trabajo influyen significativamente en la demanda de mano de obra objeto de trata. En muchos casos, los prejuicios y estereotipos marginan a ciertos grupos, haciéndolos más vulnerables a la explotación. Los migrantes que buscan mejores oportunidades, por ejemplo, a menudo se encuentran atrapados en redes de tráfico que prometen empleo pero les provocan esclavitud.

La explotación de personas mediante la trata para obtener mano de obra y servicios es fundamentalmente una violación de su dignidad. Desde el punto de vista de la fe, todo ser humano está dotado de dignidad y derechos inherentes, visión subrayada por numerosos marcos teológicos y éticos. Reconocer el carácter sagrado de cada persona es primordial para enfrentar y desafiar la demanda de mano de obra objeto de trata.

La educación desempeña un papel fundamental en la disminución de la demanda de mano de obra y servicios objeto de trata. Las campañas de concientización dirigidas tanto a consumidores como a corporaciones pueden arrojar luz sobre los costos humanos detrás de los productos y servicios. Los consumidores informados pueden ejercer una presión significativa sobre las empresas para que garanticen prácticas éticas a lo largo de sus cadenas de suministro, reduciendo así la dependencia de la mano de obra objeto de trata.

Además, es esencial mejorar los marcos legales para proteger a los trabajadores y castigar a quienes explotan la mano de obra objeto de trata. Fortalecer los derechos laborales, aumentar la transparencia en las operaciones comerciales y aplicar sanciones estrictas por violaciones pueden disminuir la rentabilidad de las operaciones de trata. Tales medidas servirían no sólo como elementos disuasorios sino también como afirmaciones del compromiso social con la justicia y los derechos humanos.

Un enfoque holístico para erradicar la demanda de mano de obra objeto de trata también debe implicar el empoderamiento económico de las poblaciones vulnerables. Al brindar acceso a la educación, la capacitación vocacional y oportunidades de empleo justas, las comunidades pueden proteger a sus miembros de las vulnerabilidades que explotan los traficantes. El empoderamiento económico sirve como medida preventiva y como vía de recuperación para quienes han sobrevivido a la trata (Broderick, 2005).

La cooperación intersectorial es vital para abordar la demanda de mano de obra objeto de trata. Los gobiernos, las organizaciones sin fines de lucro, los grupos religiosos, las empresas y los consumidores deben colaborar para abordar este problema multifacético. Cada sector aporta recursos y perspectivas únicos que pueden contribuir a una solución integral.

La defensa de los consumidores a favor de prácticas de consumo ético puede tener un impacto significativo en la demanda de mano de obra objeto de trata. Al elegir productos y servicios verificados como libres de explotación, los consumidores pueden impulsar el mercado hacia prácticas más éticas. Estas opciones, aunque aparentemente pequeñas, se suman para formar una poderosa fuerza de cambio.

A una escala más amplia, la cooperación internacional es crucial para combatir la trata de personas. Las redes de tráfico a menudo operan a través de fronteras, explotando las diferencias en las normas legales y las prácticas de aplicación de la ley. Una mayor colaboración internacional, incluidas normas jurídicas compartidas y medidas coordinadas para hacer cumplir la ley, puede cerrar las brechas por las que se escapa la mano de obra objeto de trata.

La demanda de mano de obra traficada no es un problema insuperable. Con esfuerzos concertados basados en una profunda comprensión de sus dimensiones económicas, sociales y morales, se pueden lograr avances significativos hacia su erradicación. Exige un despertar moral que reconozca la dignidad y el valor de cada individuo y se comprometa a proteger esas virtudes mediante acciones concretas.

A medida que las comunidades de fe, académicos, formuladores de políticas y ciudadanos se unan en esta causa, la oscuridad que representa la trata de personas podrá enfrentarse con la luz de la justicia, la verdad y el amor. Que este esfuerzo esté arraigado no sólo en el deseo de poner fin al sufrimiento sino en el compromiso de defender la dignidad de cada persona, reflejando el profundo respeto por la vida humana que sustenta nuestra sociedad.

En conclusión, la demanda de mano de obra y servicios traficados, aunque desalentadora, no es invencible. Abordarlo requiere una estrategia multifacética que combine enfoques económicos, legales, educativos y morales. Es un desafío que exige lo mejor de nuestra humanidad: nuestra compasión, nuestra diligencia y nuestro compromiso inquebrantable con la justicia. Juntos, mediante la acción colectiva y una creencia firme en la dignidad de todos, podemos forjar un futuro libre del flagelo de la trata.

Estrategias para el empoderamiento económico

Dentro de la compleja red de factores que contribuyen al flagelo de la trata de personas, la dimensión económica ocupa una posición central. Es una verdad innegable que la inestabilidad financiera puede aumentar significativamente la vulnerabilidad de las personas a la explotación. Por lo tanto, las estrategias dirigidas al empoderamiento económico emergen no sólo como beneficiosas, sino también esenciales en la lucha contra esta atroz violación de la dignidad humana.

Las Escrituras nos recuerdan la importancia de ayudar a los pobres y oprimidos, situando el empoderamiento económico como un imperativo moral. No basta con rescatar y rehabilitar; debe haber oportunidades sostenibles para quienes están en riesgo, impidiéndoles ser víctimas de los traficantes. Este enfoque implica una estrategia multifacética que incorpore la educación, el desarrollo de habilidades y el acceso a oportunidades laborales justas (Cordisco Tsai, 2022).

La educación es la piedra angular del empoderamiento económico. Iluminar las mentes no sólo allana el camino para el desarrollo personal sino que también dota a las personas del conocimiento para discernir situaciones de explotación. Una persona bien informada tiene menos probabilidades de verse atrapada por las falsas promesas de los traficantes. Por lo tanto, es primordial aumentar el acceso a una educación de calidad, especialmente para las comunidades marginadas.

Además, los programas de desarrollo de habilidades adaptados a las necesidades del mercado laboral pueden mejorar significativamente la empleabilidad y el potencial de ingresos. Estos programas deberían tener como objetivo cerrar la brecha entre las habilidades que posee el individuo y las que exigen los empleadores. La capacitación vocacional, los aprendizajes y la educación técnica son componentes vitales de esta estrategia.

El acceso a oportunidades de empleo justas es igualmente crítico. Los esfuerzos para estimular la creación de empleo en regiones subdesarrolladas pueden ayudar a mitigar uno de los principales impulsores económicos de la trata. Esto requiere colaboración entre gobiernos, empresas y organizaciones sin fines de lucro para fomentar un entorno propicio al crecimiento económico y la creación de trabajo decente para todos.

Las iniciativas de microfinanciación también son prometedoras como herramientas para el empoderamiento económico. Al otorgar pequeños préstamos a quienes no pueden acceder a los servicios bancarios tradicionales, estos programas permiten a las personas iniciar sus propios negocios. Esto, a su vez, puede conducir a una mayor independencia económica y una reducción de la vulnerabilidad a la trata de personas. Es un testimonio del principio de que el empoderamiento a través de medios económicos puede servir como un arma potente en nuestro arsenal contra la trata.

Además, promover prácticas de comercio justo puede contribuir al empoderamiento económico al garantizar que los trabajadores de las cadenas de suministro reciban un salario justo y trabajen en condiciones humanas. Los consumidores tienen un papel importante a este respecto; Al optar por apoyar a las empresas que se adhieren a prácticas éticas, pueden ayudar a disminuir la demanda de mano de obra objeto de trata.

En estos esfuerzos es indispensable involucrar al sector privado. Se debe alentar a las empresas a implementar políticas que prevengan la trata de personas en sus cadenas de suministro. Esto incluye realizar auditorías exhaustivas, ofrecer capacitación a los empleados sobre cómo identificar y responder a señales de trata y establecer mecanismos transparentes de denuncia.

A nivel legislativo, las políticas destinadas a reducir la pobreza y la desigualdad pueden sentar las bases para el empoderamiento económico. Los esquemas de protección social, el acceso a la atención médica y la vivienda asequible pueden aliviar algunas de las presiones económicas que dejan a las personas vulnerables a la trata.

Es necesaria la inversión en las comunidades en su conjunto para abordar los problemas sistémicos que contribuyen a la trata. Los proyectos de infraestructura, como la mejora del transporte y el acceso a la tecnología, pueden tener beneficios de amplio alcance, incluida la apertura de nuevas oportunidades económicas.

No se puede pasar por alto el papel de las organizaciones religiosas en el empoderamiento económico. Con sus amplias redes y su compromiso con la justicia social, estas organizaciones están en una posición única para brindar apoyo y recursos a quienes los necesitan. Iniciativas como la capacitación laboral, los programas educativos y las empresas sociales pueden tener un impacto significativo en la vida de las personas.

En última instancia, las estrategias de empoderamiento económico deben ser inclusivas y adaptables. Deben diseñarse con un profundo conocimiento de las necesidades y condiciones específicas de las comunidades objetivo. Esto garantiza que las intervenciones no solo sean efectivas sino también respetuosas de la dignidad y la autonomía de las personas a las que pretenden servir (Barrows, 2017).

En conclusión, la búsqueda del empoderamiento económico como estrategia contra la trata de personas es un imperativo tanto pragmático como moral. Se alinea con los valores que apreciamos y ofrece un camino tangible hacia un futuro donde todos tengan la oportunidad de vivir libres de explotación. Al unir nuestras manos en este esfuerzo, dejémonos guiar por la sabiduría, la compasión y un compromiso inquebrantable con la justicia.

"Porque yo, el Señor, amo la justicia; odio el robo y la maldad. En mi fidelidad recompensaré a mi pueblo y haré con él un pacto eterno". - Isaías 61:8

Capítulo 14: Historias de sobrevivientes: lecciones de esperanza y resiliencia

A medida que profundizamos en los relatos desgarradores pero, en última instancia, inspiradores de quienes han soportado y triunfado sobre los males de la trata de personas, se vuelve evidente que cada historia es un testimonio del espíritu indomable de esperanza y resiliencia. El viaje de víctima a sobreviviente y luego a defensora está plagado de desafíos inimaginables, pero es precisamente este viaje el que ilumina el potencial de una profunda transformación y curación. Las narrativas de los supervivientes no sólo ofrecen un vistazo a los rincones más oscuros de la explotación humana, sino que también arrojan luz sobre la extraordinaria fuerza y el coraje inherentes al espíritu humano. A través de sus experiencias, los sobrevivientes brindan lecciones invaluables sobre el poder de la perseverancia, la importancia del apoyo comunitario y el potencial transformador de la fe y el perdón en el proceso de curación.

El camino hacia la recuperación y el empoderamiento de los sobrevivientes es complejo y profundamente personal. A menudo implica navegar por las complejidades del sistema legal, reconstruir la confianza en uno mismo y en los demás, y encontrar formas de sanar las cicatrices físicas y psicológicas dejadas por sus experiencias. Organizaciones como Polaris

Project y Shared Hope International han desempeñado un papel decisivo a la hora de brindar el apoyo y los recursos necesarios para que los sobrevivientes recuperen sus vidas e identidades (Hutchinson, 2021). Además, las iniciativas basadas en la fe ofrecen una forma única de consuelo y fortaleza, lo que subraya el papel de la curación espiritual en la superación del trauma. Las historias de sobrevivientes que han encontrado refugio y renovación a través de su fe revelan el profundo impacto de la resiliencia espiritual frente a la adversidad (Aliotta, 2021).

Al compartir sus historias, los sobrevivientes prestan un servicio invaluable a la sociedad, educando al público sobre las realidades de la trata de personas y al mismo tiempo abogando por el cambio. Sus relatos de primera mano sirven como un poderoso llamado a la acción, instando a individuos, comunidades y formuladores de políticas a unirse a la lucha contra la trata. Al escuchar y aprender de estas historias de sobrevivientes, recordamos la importancia crítica de la compasión, la comprensión y la acción colectiva para abordar este flagelo global. Al reflexionar sobre estas lecciones de esperanza y resiliencia, nos sentimos inspirados a renovar nuestro compromiso de poner fin a la trata de personas y apoyar a quienes se han visto más profundamente afectados por ella (Viergever et al., 2018).

Capítulo 15: Programas de Prevención y Educación

En la cruzada contra la malévola marea de la trata de personas que recorre nuestra nación, la prevención y la educación emergen no sólo como escudos, sino como armas formidables capaces de alterar el panorama mismo de esta batalla. En el ámbito educativo, existe una necesidad primordial de incorporar programas integrales que no sólo informen sino que capaciten a nuestros jóvenes con el discernimiento y la fuerza para resistir las trampas de los traficantes. Las iniciativas escolares, como se destaca en estudios recientes, han demostrado una marcada eficacia no solo para crear conciencia entre los estudiantes sino también para fomentar un entorno donde los niños se sientan equipados para navegar las complejidades de las interacciones tanto en el mundo real como en línea (Greenbaum et al. ., 2018). El plan de estudios diseñado para estos programas no rehuye las duras realidades, sino que las aborda con un delicado equilibrio entre verdad y esperanza, asegurando que, si bien los estudiantes son conscientes de los peligros, también se les inculca la sabiduría para actuar y protegerse a sí mismos y a sus pares.

Más allá de los confines de las instituciones educativas, las campañas de concientización comunitaria sirven como un faro de luz que llega a los rincones de la sociedad a menudo eclipsados por la ignorancia o la indiferencia. Estas campañas, profundamente arraigadas en los principios de empatía y solidaridad, se esfuerzan por tejer una narrativa de que la trata de personas no es un problema lejano sino una plaga generalizada que afecta a las comunidades a un nivel micro. Al asociarse con empresas locales, organizaciones religiosas y fuerzas del orden, estas campañas desmantelan los mitos que rodean la trata y presentan hechos e historias que resuenan profundamente en la conciencia colectiva de la comunidad (Diaz et al., 2021). Es a través de estos esfuerzos concertados que un tema que alguna vez fue silenciado se convierte en un llamado de atención a la acción, que galvaniza a las comunidades para que se mantengan unidas contra este flagelo.

La sinergia de iniciativas escolares y campañas de concientización comunitaria sienta las bases para una sociedad que se niega a hacer la vista gorda ante el espectro de la trata de personas. Sin embargo, el éxito de estos programas depende del apoyo, la investigación y la adaptación continuos para enfrentar las tácticas en constante evolución de los traficantes. A medida que avanzamos, es imperativo que estos programas de prevención y educación se adopten no como empresas opcionales sino como componentes indispensables de una estrategia holística para erradicar la trata de personas del tejido de nuestra nación. En esta búsqueda unificada, que se sepa que nuestra determinación es inquebrantable, nuestros esfuerzos incansables y nuestro espíritu indomable, porque, en palabras de los sabios, la batalla por la dignidad y la libertad se libra no sólo en los campos de la justicia, sino también en los corazones y las mentes de cada individuo dispuesto a atender el llamado.

Iniciativas basadas en la escuela

En la lucha multifacética contra la plaga de la trata de personas, el ámbito de la educación se perfila como un bastión de la prevención y la concientización. Dentro de los salones sagrados del aprendizaje, existe una oportunidad incomparable de dotar a las mentes jóvenes de conocimiento y, en adelante, de poder. La esencia de las iniciativas escolares para combatir la trata de personas reside no sólo en la difusión de conocimientos sino también en fomentar una generación de individuos vigilantes y empoderados.

El núcleo de estas iniciativas es la integración curricular centrada en la trata de personas. Esto implica desarrollar e incorporar materiales educativos integrales diseñados para ilustrar a los estudiantes sobre las realidades de la trata. Al integrar debates sobre las formas, signos y consecuencias de la trata de personas en el plan de estudios, los educadores pueden cultivar un alumnado informado. El propósito no es infundir miedo, sino empoderar a los estudiantes con el conocimiento para protegerse a sí mismos y a sus compañeros (Zhu et al., 2020).

La formación de educadores y administradores escolares desempeña un papel fundamental en la eficacia de las iniciativas escolares. No se trata simplemente de impartir conocimientos, sino de equipar a estas figuras confiables con la capacidad de reconocer posibles signos de trata entre sus estudiantes. Además, están capacitados sobre cómo responder a las divulgaciones de manera sensible y efectiva, creando un entorno seguro para que los estudiantes informen sus inquietudes.

Los programas de educación entre pares emergen como una potente herramienta dentro de las escuelas. Estos programas capacitan a los estudiantes para que sean precursores de la concienciación entre sus compañeros, fomentando una cultura de vigilancia y cuidado mutuo. Cuando los estudiantes reciben enseñanza de sus contemporáneos, el mensaje de prevención y concientización a menudo se recibe de manera más abierta, cultivando un ambiente escolar donde los estudiantes se cuidan unos a otros.

Las asociaciones escolares con las fuerzas del orden locales y organizaciones que luchan contra la trata de personas fortalecen estas iniciativas. Estas asociaciones no solo facilitan talleres y seminarios dirigidos por expertos, sino que también garantizan que los estudiantes tengan acceso a información auténtica y ejemplos del mundo real de escenarios de trata e intervenciones exitosas.

Es vital crear espacios seguros dentro de las escuelas para la discusión y la investigación sobre la trata de personas. Dichos espacios alientan a los estudiantes a expresar inquietudes, hacer preguntas y explorar soluciones en un entorno de apoyo. Se trata de fomentar una cultura en la que se desmantele el tabú que rodea a los debates sobre la explotación (Pooler et al., 2022).

Es igualmente crucial involucrar a los padres y tutores en estas iniciativas. Los talleres y sesiones informativas que involucran a la familia del estudiante pueden extender el diálogo más allá de las instalaciones escolares, asegurando que la concientización y la vigilancia se conviertan en un esfuerzo de toda la comunidad.

Los proyectos de arte y medios relacionados con la trata de personas pueden ser una salida expresiva para los estudiantes, ayudando a crear conciencia de manera creativa. Estos proyectos no sólo fomentan la empatía y la comprensión, sino que también permiten a los estudiantes defender la trata a través de su arte, llegando a un público más amplio.

Se debe fomentar en los estudiantes el pensamiento crítico y el razonamiento ético relacionado con la trata de personas. Esto implica alentarlos a pensar profundamente sobre las cuestiones sociales y éticas más amplias que rodean la trata, fomentando una generación de pensadores críticos y líderes éticos.

Las escuelas también deberían brindar oportunidades para que los estudiantes participen en activismo y defensa. Esto podría implicar organizar eventos de concientización, participar en programas de extensión comunitaria y abogar por cambios de políticas a nivel local, estatal y nacional. Estas actividades empoderan a los estudiantes, dándoles un sentido de agencia en la lucha contra la trata de personas.

El seguimiento y la evaluación de estas iniciativas escolares son fundamentales para garantizar su eficacia y sostenibilidad. Es esencial recopilar datos y comentarios para comprender el impacto de estos programas en el conocimiento, las actitudes y los comportamientos de los estudiantes con respecto a la trata de personas.

Sin embargo, es fundamental recordar que estos esfuerzos educativos deben ser apropiados para la edad. Las discusiones y el contenido deben adaptarse para adaptarse a la madurez cognitiva y emocional de los estudiantes, asegurando que el mensaje se transmita de manera efectiva sin causar angustia indebida (Diaz et al., 2021).

El desafío de la trata de personas en nuestra sociedad exige un enfoque multidimensional, en el que el papel de la educación es indispensable. Las iniciativas escolares ofrecen un rayo de esperanza, iluminando el camino hacia un mundo donde se rompan las cadenas de la explotación y reine la libertad. Es un esfuerzo que requiere el esfuerzo colectivo de educadores, estudiantes, padres y la comunidad en general. Juntos podemos forjar un futuro donde la trata de personas no encuentre refugio.

Campañas de concientización comunitaria

Dentro del amplio camino hacia la erradicación de la trata de personas, las campañas de concientización comunitaria emergen como un faro de esperanza y acción. Estas campañas sirven no sólo como una herramienta educativa sino también como un grito de guerra para que las comunidades se unan contra esta plaga que socava la dignidad y la libertad humanas. Concebidas y ejecutadas con precisión, estas campañas poseen la singular capacidad de alterar percepciones, informar a quienes no están informados e impulsar a las comunidades a adoptar medidas tangibles contra la trata de personas.

La génesis de campañas efectivas de concientización comunitaria radica en comprender la naturaleza matizada de la trata de personas. Armados con conocimientos, los organizadores pueden adaptar sus mensajes para resaltar la presencia generalizada, aunque a menudo oculta, de la trata en los contextos locales. Es una tarea que requiere astucia, ya que los signos de la trata de personas con frecuencia se enmascaran detrás de una fachada de normalidad, eludiendo el ojo inexperto (Aderemi y Adewole, 2022).

Un elemento central de la filosofía de estas campañas es el concepto de empatía informada. No basta con informar; uno debe conectarse a nivel humano, fomentando un profundo sentido de empatía y urgencia. De este modo, las campañas efectivas tejen narrativas que son a la vez convincentes y identificables, cerrando la brecha entre las estadísticas abstractas y el sufrimiento humano real que representan. Este enfoque narrativo refleja las enseñanzas parabólicas que se han utilizado durante mucho tiempo para impartir lecciones morales a través de narraciones identificables.

Fomentar asociaciones es otra piedra angular de las campañas de concientización comunitaria impactantes. Al colaborar con escuelas, iglesias, autoridades policiales y empresas locales, los organizadores pueden crear un enfoque multifacético que penetre en diversas esferas de la vida comunitaria. Cada sector aporta recursos y perspectivas únicos, enriqueciendo la campaña y ampliando su alcance.

Las plataformas digitales han transformado radicalmente el panorama de las campañas de concientización comunitaria. Las redes sociales, en particular, han demostrado ser una herramienta poderosa para amplificar mensajes, llegar a grupos demográficos más jóvenes y facilitar debates sobre temas que alguna vez estuvieron confinados a entornos más formales o controlados. El contenido personalizado que sea atractivo y educativo puede generar conciencia de manera viral, lo que lo convierte en un componente crítico de las campañas contemporáneas.

Sin embargo, a pesar de los avances en la comunicación digital, no se puede subestimar la importancia de las interacciones cara a cara. Los eventos, talleres y seminarios comunitarios brindan oportunidades invaluables para un compromiso profundo. Estas interacciones permiten la difusión de conocimientos de maneras personales e impactantes, que a menudo dejan una impresión duradera en los participantes.

La medición y la evaluación son imperativas para desarrollar y fortalecer las campañas de concientización comunitaria. Al establecer objetivos claros y emplear métricas tanto cualitativas como cuantitativas, los organizadores pueden obtener información sobre la eficacia de sus esfuerzos. Los circuitos de retroalimentación permiten perfeccionar las estrategias, garantizando que las campañas sigan siendo relevantes e impactantes (Mobasher et al., 2022).

No se puede descuidar el componente ético de las campañas de concientización comunitaria. La sensibilidad hacia las experiencias de las víctimas y el compromiso con una representación veraz son primordiales. La dignidad de los sobrevivientes debe preservarse a toda costa, y sus historias deben compartirse de manera respetuosa y consensuada.

Dentro del entramado de estas campañas, las historias de esperanza y resiliencia emergen como motivos poderosos. Las historias de supervivientes, cuando se comparten con respeto y atención, pueden alterar significativamente la percepción y la comprensión públicas de la trata de personas. Estas narrativas, ricas en triunfos personales sobre la adversidad, sirven como testimonio de la indomabilidad del espíritu humano.

Involucrar a los jóvenes en campañas de concientización comunitaria introduce frescura y dinamismo. Los jóvenes aportan ideas innovadoras y son expertos en aprovechar las nuevas tecnologías para el cambio social. A través de clubes escolares, grupos de jóvenes y redes sociales, pueden convertirse en fervientes defensores de la causa, influyendo en sus compañeros y familias.

Las comunidades religiosas ocupan un lugar único en el contexto de las campañas de sensibilización comunitaria. Sus compromisos fundamentales con la justicia y el cuidado de los marginados los convierten en aliados naturales en la lucha contra la trata de personas. A través de sermones, reuniones comunitarias y ministerios de justicia social, pueden amplificar el mensaje, basado en una profunda convicción moral y ética.

Los organismos encargados de hacer cumplir la ley desempeñan un doble papel en estas campañas: como fuentes de información vital y como participantes activos. Sus conocimientos sobre los mecanismos de la trata y los relatos de las operaciones de rescate proporcionan un contenido convincente para los esfuerzos de concientización. Además, su participación aporta credibilidad y seriedad al tema, destacando las implicaciones legales y la lucha comprometida contra los traficantes.

El llamado al activismo político es un tema recurrente en las campañas de concientización comunitaria. Al educar al público sobre la importancia de la legislación y el poder de su voto, las campañas pueden movilizar a las comunidades para abogar por leyes y políticas más estrictas contra la trata de personas. Este enfoque fomenta un sentido de responsabilidad y empoderamiento colectivo.

Por último, las campañas de concientización comunitaria deben verse como un viaje continuo y no como un destino. A medida que las sociedades evolucionan y surgen nuevos desafíos, estas campañas deben adaptarse, innovar y persistir. La lucha contra la trata de personas es un testimonio de la resiliencia, la compasión y el compromiso inquebrantable de la humanidad con la libertad y la dignidad para todos.

En conclusión, las campañas de concientización comunitaria se destacan como componentes críticos en el enfoque multifacético para combatir la trata de personas. A través de la educación, la empatía y la participación de diversas partes interesadas de la comunidad, estas campañas contribuyen significativamente a arrojar luz sobre un tema oscuro. Al enfatizar la dignidad humana y aprovechar la acción colectiva, nos acercamos paso a paso a un mundo libre de trata de personas (Zhu et al., 2020).

Capítulo 16: Papel de los profesionales de la salud

En la batalla multifacética contra la trata de personas, los profesionales de la salud ocupan una posición única de influencia y responsabilidad. A menudo, estos individuos están en primera línea, interactuando potencialmente con las víctimas durante su fase de explotación. Dada esta intersección crítica, es imperativo que la comunidad médica esté equipada con el conocimiento y las herramientas necesarias para reconocer los signos de la trata y responder de manera efectiva. Por lo tanto, la capacitación de los proveedores de atención médica se convierte en una piedra angular en la lucha contra esta atroz violación de los derechos humanos. No se trata simplemente de identificar a las víctimas basándose en signos físicos de abuso; hay una capa más profunda y compleja que involucra el trauma psicológico y que debe abordarse con compasión y comprensión. Además, el papel de los profesionales de la salud no se limita a la identificación y la atención inmediata. Hay un aspecto más amplio de ayudar en el proceso de recuperación y rehabilitación, ofreciendo un puente entre la desesperación de la trata y la esperanza de libertad y curación. Este capítulo profundiza en los aspectos críticos del reconocimiento de signos de trata de personas en entornos de atención médica, describe las mejores prácticas para capacitar a los proveedores de atención médica y enfatiza el papel a largo plazo de los profesionales médicos en el camino de recuperación de los sobrevivientes de la trata (Ahn et al. ., 2013). A través de un enfoque integral que combine la agudeza del conocimiento médico con las sensibilidades necesarias para atender a personas traumatizadas, los profesionales de la salud pueden contribuir significativamente al desmantelamiento de las redes de trata de personas y a la restauración de la dignidad y la salud de sus víctimas.

Identificación y asistencia a las víctimas

En la continua batalla contra la trata de personas, los profesionales de la salud desempeñan un papel singularmente fundamental. Su posición de primera línea en la sociedad no sólo les permite identificar a las víctimas de la trata, sino también ofrecer primeros pasos cruciales hacia la rehabilitación. Es una tarea que exige vigilancia, compasión y comprensión de las sutilezas que distinguen los marcadores físicos y psicológicos de la trata.

En primer lugar, la capacidad de reconocer los signos de trata de personas en un entorno clínico es fundamental. Las víctimas pueden presentar una variedad de indicadores, desde lesiones físicas compatibles con abuso hasta signos más matizados, como la falta de control sobre los documentos de identificación personal (Hopper & Hidalgo, 2021). Los profesionales de la salud deben estar en sintonía con estas señales, entendiendo que pueden representar una pieza del rompecabezas más amplio de la situación de un paciente.

Además, crear un espacio seguro para que las víctimas potenciales revelen su situación es fundamental para el proceso de identificación. El enfoque, el tono y el entorno pueden afectar significativamente la disposición de la víctima a comunicarse, lo que requiere que el personal fomente un sentido de confianza y confidencialidad. Se trata de lograr un delicado equilibrio; ser directo pero amable, autoritario pero empático (Grace et al., 2014).

Una vez que surge la sospecha, es imperativo que los proveedores de atención médica tengan un protocolo claro y ético a seguir. Esto implica saber a quién contactar dentro de las redes de servicios legales y sociales sin aumentar el riesgo para la seguridad de la víctima. El proceso de presentación de informes debe ser discreto y tener como objetivo iniciar el viaje de la víctima hacia la liberación y la recuperación, al mismo tiempo que se protege de daños mayores.

Ayudar a las víctimas implica además un enfoque multidisciplinario, recurriendo a la experiencia de trabajadores sociales, profesionales jurídicos y consejeros de salud mental. Es un ecosistema de apoyo, diseñado para brindar atención integral que aborde las necesidades físicas, psicológicas y legales de la víctima. Los profesionales de la salud deben actuar como eje de esta red, coordinando la atención y asegurando que se satisfagan las necesidades integrales de la víctima.

Los programas educativos dirigidos a los trabajadores de la salud son cruciales para equiparlos con las herramientas necesarias para identificar y ayudar a las víctimas de manera efectiva. La capacitación debe cubrir una amplia gama de temas, desde los factores socioeconómicos de la trata hasta el impacto psicológico en las víctimas. Después de todo, el conocimiento potencia la acción.

Además, no se pueden subestimar las implicaciones éticas del tratamiento de las víctimas de la trata. Los profesionales de la salud deben navegar por el delicado equilibrio entre la confidencialidad del paciente y el imperativo moral de intervenir. Este dilema ético requiere una comprensión profunda de las responsabilidades profesionales y los marcos legales que rigen la atención al paciente y los reportajes (Chisolm-Straker et al., 2019).

Además de reconocer y denunciar, es imperativo abordar las consecuencias de la trata. Las víctimas a menudo enfrentan una serie de problemas de salud, desde traumas físicos hasta trastornos psicológicos complejos como el trastorno de estrés postraumático. Es esencial adaptar las intervenciones de salud para satisfacer estas diversas necesidades, lo que subraya la importancia de la capacitación especializada de los profesionales de la salud para abordar la atención posterior a la trata.

La prevención también entra dentro del ámbito de la función de la atención sanitaria contra la trata. Al identificar y abordar los factores de riesgo en los pacientes, como el abuso de sustancias o situaciones de vida precarias, los profesionales pueden desempeñar un papel proactivo en la prevención de la explotación antes de que ocurra. Se trata de estar atentos a las vulnerabilidades de los pacientes que los traficantes pueden explotar.

Además, las asociaciones entre instituciones de atención médica y organizaciones contra la trata pueden amplificar los esfuerzos para combatir la trata. Estas colaboraciones pueden facilitar el intercambio de información, recursos y mejores prácticas. Sirven no sólo para mejorar la identificación y atención de las víctimas sino también para fomentar una cultura más amplia de concientización y prevención dentro de las comunidades.

También es crucial que los proveedores de atención médica comprendan la diversidad entre las víctimas de la trata. La trata no discrimina por edad, género u origen étnico y, como tal, los profesionales deben estar capacitados para reconocer y ayudar a una amplia gama de personas. La sensibilidad hacia las cuestiones culturales, de género y específicas de la edad es primordial, lo que requiere educación continua y autorreflexión.

La defensa legal es otra área donde los profesionales de la salud pueden contribuir significativamente. Al proporcionar documentación médica sobre abuso y explotación, pueden apoyar los casos legales de las víctimas, facilitando su búsqueda de justicia y restitución. Este aspecto de la atención subraya la intersección entre la atención médica y la batalla legal contra la trata.

No se debe subestimar el costo emocional para los profesionales de la salud involucrados en este trabajo. Hacer frente a las graves injusticias de la trata puede provocar agotamiento y estrés traumático secundario. Las instituciones deben garantizar que existan sistemas de apoyo para el personal, promoviendo la resiliencia y el autocuidado para sostener sus esfuerzos cruciales en este campo desafiante.

En conclusión, el papel de los profesionales de la salud en la identificación y asistencia a las víctimas de la trata de personas es vital y multifacético. Requiere una combinación de perspicacia clínica, discernimiento ético y atención compasiva. Al encontrarse en la intersección de la salud y la justicia, su contribución no es meramente profesional; es profundamente humanitario, anclado en el derecho fundamental a la libertad y la dignidad de todos los individuos.

En última instancia, es a través de esfuerzos informados, sostenidos y colaborativos que los proveedores de atención médica pueden marcar una diferencia tangible en las vidas de las víctimas de la trata, ofreciendo no sólo alivio médico, sino un camino hacia la curación y la liberación. Este esfuerzo digno no sólo resuena con los imperativos éticos de la profesión médica sino también con las convicciones morales que sustentan nuestra sociedad, instándonos a seguir adelante en la lucha contra la trata.

Capacitación para proveedores de atención médica

A medida que profundizamos en el papel crucial de los profesionales de la salud en la lucha contra la trata de personas, se hace evidente que la formación especializada no sólo es beneficiosa sino esencial. Dentro de los límites de esta batalla, el conocimiento es poder y, para los proveedores de atención médica, es el poder de cambiar vidas. La intersección de la atención médica y la trata de personas presenta una oportunidad única de intervención, por lo que es imperativo que quienes están en primera línea médica estén bien preparados para actuar.

No es ningún secreto que las víctimas de la trata pueden entrar en contacto con los sistemas de atención médica en varios momentos durante su explotación. Estos encuentros proporcionan una ventana crítica para la identificación y la intervención. Sin embargo, sin la formación adecuada, las señales de trata pueden pasar desapercibidas o malinterpretarse fácilmente. Es como buscar una aguja en un pajar sin saber qué aspecto tiene. Por lo tanto, los programas de capacitación diseñados específicamente para los proveedores de atención médica no sólo son necesarios; son un imperativo moral (Dovydaitis, 2010).

La esencia de dicha formación gira en torno a varios componentes clave. Lo primero y más importante es la capacidad de reconocer los signos y síntomas de la trata. Esto incluye comprender los indicadores físicos y psicológicos, así como los signos menos obvios que pueden presentarse en un entorno clínico. Las víctimas de la trata a menudo padecen una serie compleja de problemas de salud, que van desde lesiones físicas hasta traumas psicológicos. Un ojo entrenado puede discernir las señales sutiles que insinúan una historia más profunda de coerción o abuso.

Otro aspecto crítico de la capacitación implica aprender cómo acercarse a una víctima sospechosa de trata. Los principios de compasión, empatía y no juzgar deben sustentar cada interacción. Los pacientes que son víctimas de trata a menudo experimentan un profundo sentimiento de vergüenza y desconfianza. Como tal, la manera en que los proveedores de atención médica se relacionan con ellos puede abrir la puerta a la intervención o afianzar aún más su aislamiento.

La confidencialidad y la seguridad son primordiales en estas situaciones. La capacitación debe cubrir los protocolos para proteger la información de los pacientes, así como la comprensión de las obligaciones legales y éticas involucradas en la denuncia de trata. Navegar por estas aguas puede ser increíblemente complejo y requiere un delicado equilibrio entre actuar y respetar la autonomía y los deseos del paciente.

Más allá de la identificación y el compromiso inicial, los proveedores de atención médica también necesitan capacitación para brindar atención que sea sensible al trauma experimentado por las víctimas de la trata. La atención informada sobre el trauma reconoce el impacto generalizado del trauma y comprende los posibles caminos para la recuperación. Busca evitar una nueva traumatización y pone un fuerte énfasis en la seguridad, la elección y el control del paciente.

Además, la formación también debería incluir una visión general de los recursos y servicios disponibles para las víctimas de la trata. Los proveedores de atención médica deben estar familiarizados con la red de apoyo disponible, desde programas especializados de intervención en trata hasta servicios sociales locales. Poder proporcionar a las víctimas información sobre estos recursos es un paso esencial para apoyar su salida de la trata.

Finalmente, las actualizaciones continuas de educación y capacitación son vitales. El panorama de la trata de personas está en constante evolución, al igual que las herramientas y métodos de intervención. La capacitación continua garantiza que los proveedores de atención médica permanezcan a la vanguardia de las mejores prácticas para identificar y ayudar a las víctimas de la trata.

La implementación de programas de capacitación tan integrales requiere la colaboración de múltiples sectores, incluidas las instituciones de atención médica, los expertos en trata y los defensores de los sobrevivientes. Es un esfuerzo multifacético que exige tiempo, recursos y un compromiso de cambio. Sin embargo, no se puede subestimar el impacto potencial de profesionales de la salud bien capacitados en la lucha contra la trata.

En conclusión, dotar a los proveedores de atención médica del conocimiento y las habilidades para reconocer y responder a la trata de personas es un componente vital de una estrategia más amplia para combatir esta forma de esclavitud moderna. El llamado a la acción es claro: la capacitación de los proveedores de atención médica no es sólo una opción; es una obligación ética. A través de la educación, la concientización y la compasión, los profesionales de la salud pueden desempeñar un papel fundamental para romper las cadenas de la trata, una vida a la vez.

Capítulo 17: Representación y responsabilidad de los medios

En el esfuerzo por erradicar el flagelo de la trata de personas entre nosotros, los medios de comunicación empuñan un arma de doble filo; tiene la capacidad de iluminar los rincones más oscuros donde se genera la injusticia y, sin darse cuenta, perpetuar estereotipos dañinos o simplificar excesivamente narrativas complejas. La información ética sobre la trata exige un enfoque meticuloso, que respete la dignidad de las víctimas sin comprometer la cruda realidad de su difícil situación (Dryhurst, 2012). La representación que los medios de comunicación hacen de la trata de personas es fundamental, ya que moldea la percepción pública e influye en las decisiones políticas. La difusión responsable de información exige un compromiso con la precisión, un rechazo al sensacionalismo y una lente empática hacia los afectados (Brown, 2010). Además, aprovechar el poder de los medios de comunicación para la promoción marca el inicio de un rayo de esperanza; narrativas bien elaboradas y reportajes informados pueden movilizar a la sociedad, inspirando acciones que van desde cambios legislativos hasta movimientos de base (O'Brien, 2016).

Informes éticos sobre la trata

En la misión de combatir la trata de personas, los medios de comunicación sirven como una herramienta poderosa, que moldea la percepción pública e influye en las decisiones políticas. Sin embargo, este poder conlleva una responsabilidad sustancial. La información ética sobre la trata es fundamental para garantizar que la narrativa que se comparte respete la dignidad de los sobrevivientes, eduque al público y apoye la lucha más amplia contra esta injusticia generalizada.

La esencia del periodismo ético radica en su compromiso con la verdad, la precisión y la justicia. Al cubrir historias sobre la trata de personas, los periodistas deben afrontar las complejidades de estos casos con sensibilidad e integridad. El espectro del sensacionalismo cobra gran importancia, y la tentación de priorizar una narrativa convincente sobre el bienestar de los sobrevivientes puede presentar un dilema moral.

La trata de personas, en sus formas nefastas, desafía nuestro tejido social, explotando a los vulnerables y marginados. La descripción que hacen los medios de los escenarios de trata a veces puede perpetuar inadvertidamente estereotipos o estigmatizar a los sobrevivientes, una consecuencia que el periodismo ético se esfuerza por evitar. Corresponde a los periodistas elaborar sus historias con una comprensión profunda de las cuestiones de derechos humanos en juego, reconociendo el coraje y la resiliencia de los sobrevivientes (Downman et al., 2017).

La confidencialidad y la privacidad son principios sacrosantos al informar sobre la trata de personas. Se deben proteger las identidades de los sobrevivientes a menos que hayan dado su consentimiento informado y comprendan plenamente cómo se compartirán sus historias. El trauma de la trata se puede volver a experimentar a través de la exposición pública, lo que hace imperativo que los periodistas procedan con cautela y empatía.

La imagen que se da de la trata en los medios de comunicación también puede influir en las medidas políticas y de aplicación de la ley. La presentación de informes precisos e informados puede estimular la acción y la promoción, arrojando luz sobre las lagunas en el marco legal o en los esfuerzos de aplicación de la ley. Por lo tanto, es vital que los periodistas realicen investigaciones exhaustivas, consulten con expertos y utilicen fuentes confiables para fundamentar sus informes en hechos.

El lenguaje juega un papel fundamental en el periodismo ético. Deben evitarse meticulosamente los términos que puedan deshumanizar o culpar a las víctimas de la trata. Más bien, el léxico utilizado debe reflejar la dignidad de cada individuo y la gravedad de sus experiencias. Este cuidado con las palabras se extiende a representar la trata no como una elección que alguien hace, sino como una violación de su libertad y sus derechos (Curtis, 2012).

Además, los medios de comunicación tienen la capacidad de educar al público sobre cómo reconocer los signos de la trata de personas y comprender sus causas fundamentales. A través de reportajes éticos, los periodistas pueden desmitificar conceptos erróneos y brindar una visión clara de la escala y la complejidad de la trata. Esta presentación de informes empodera a las comunidades, dotándolas de conocimientos para identificar y prevenir potencialmente situaciones de trata.

Sin embargo, la responsabilidad de los medios no termina con la publicación. El seguimiento continuo del impacto de las historias sobre la trata es crucial. Se debe buscar retroalimentación, particularmente de los sobrevivientes y de aquellos que trabajan en primera línea. Esta práctica reflexiva garantiza que la presentación de informes evolucione y continúe manteniendo los más altos estándares éticos.

Los desafíos éticos al informar sobre la trata de personas son múltiples y requieren un enfoque deliberado y considerado. Los periodistas deben equilibrar el derecho del público a saber con el daño potencial que la información puede infligir a los sobrevivientes. Este acto de equilibrio requiere no sólo la adhesión a los principios periodísticos sino también una brújula moral guiada por la compasión y el respeto por la dignidad humana.

La colaboración con los supervivientes y los grupos de defensa puede mejorar la calidad y la sensibilidad de la presentación de informes. Estas interacciones ofrecen información sobre las dimensiones personales y sistémicas de la trata, enriqueciendo la narrativa y asegurando que sirva a los intereses de la justicia y la conciencia. Sin embargo, este compromiso debe llevarse a cabo con el máximo respeto por la autonomía y los deseos de los sobrevivientes.

La educación y capacitación de los periodistas sobre las complejidades de la trata de personas son indispensables. Este conocimiento especializado permite a los periodistas abordar su trabajo con los matices y la profundidad que exige. Las organizaciones de medios tienen un papel que desempeñar proporcionando dicha capacitación y fomentando un ambiente donde las consideraciones éticas estén a la vanguardia de la cobertura sobre la trata.

En última instancia, informar éticamente sobre la trata contribuye a una sociedad más informada y compasiva. Puede desafiar ideas preconcebidas, resaltar la necesidad de cambio e inspirar acciones. Al cumplir este papel, los medios de comunicación no sólo informan sobre la trata sino que participan activamente en el esfuerzo global para erradicarla.

En conclusión, informar éticamente sobre la trata de personas es un aspecto crítico de la responsabilidad de los medios. Requiere un cuidadoso equilibrio entre decir la verdad y sensibilidad, respeto por los sobrevivientes y compromiso con los derechos humanos. A medida que los medios continúan navegando por este terreno desafiante, deben permanecer vigilantes en su ética, compasivos en su narración e inquebrantables en su búsqueda de la justicia.

El poder de los medios en la promoción

En la época contemporánea, la influencia que ejercen los medios de comunicación es profunda y de gran alcance. Los medios de comunicación, en sus formas multifacéticas, desempeñan un papel fundamental en la formación de la opinión pública y, más importante aún, en la promoción del cambio social. Esta sección profundiza en la profunda capacidad de los medios de comunicación para moldear percepciones, informar a las masas e impulsar la acción colectiva contra el atroz crimen de la trata de personas. Se esfuerza por desentrañar la relación simbiótica entre los medios y la promoción, subrayando cómo la comunicación estratégica puede iluminar los rincones oscuros donde florece la injusticia (Jedlowski, 2018).

La trata de personas, una operación compleja y clandestina, prospera en las sombras, lejos del escrutinio del ojo público. Sin embargo, los medios de comunicación, con su mirada penetrante, pueden arrojar luz sobre estas narrativas oscurecidas, otorgándoles la visibilidad necesaria para la intervención social. No se puede subestimar la autoridad de los medios de comunicación para revelar la verdad; sirve como un faro que guía la conciencia colectiva hacia cuestiones que de otro modo estarían envueltas en apatía.

El papel de los medios de comunicación en la promoción trasciende el mero reportaje; encarna la capacidad de evocar empatía, inducir indignación e inspirar acción. A través de narraciones convincentes, los medios pueden humanizar las realidades estadísticas de la trata, transformando números abstractos en historias de sufrimiento y resiliencia humanos reales. Es a través de esta conexión empática que la sociedad se ve impulsada a actuar, movilizar recursos e influir en cambios de políticas.

Sin embargo, el poder de los medios no se ejerce sin responsabilidad. Las consideraciones éticas deben estar a la vanguardia de cualquier interacción de los medios con la trata de personas. El sensacionalismo y el voyeurismo pueden fácilmente manchar la representación de las víctimas, reduciendo su profundo sufrimiento a mero espectáculo. Por lo tanto, es crucial que los profesionales de los medios aborden su trabajo con un profundo sentido de dignidad, asegurándose de que sus narrativas respeten la humanidad y la agencia de aquellos a quienes representan.

Las plataformas digitales, con su amplio alcance y capacidades interactivas, ofrecen nuevas dimensiones a la promoción de los medios. Las redes sociales, los podcasts y los foros en línea pueden fomentar comunidades de activistas, difundir recursos educativos y brindar espacios para las voces de los sobrevivientes. La dinámica del intercambio digital significa que los mensajes pueden amplificarse rápidamente, desafiando las barreras tradicionales a la concientización y catalizando una respuesta global a los casos locales de trata (Austin y Farrell, 2017).

Sin embargo, el ámbito digital no está exento de dificultades. Los traficantes también pueden explotar las mismas plataformas que permiten la promoción, lo que requiere una comprensión matizada del panorama digital. Las iniciativas de los medios deben ser a la vez vigilantes e innovadoras, empleando estrategias que aprovechen las fortalezas de los medios digitales y al mismo tiempo protejan contra sus vulnerabilidades.

Las campañas mediáticas dirigidas a la trata de personas requieren una combinación estratégica de atractivo emocional y precisión objetiva. Las narrativas demasiado duras pueden insensibilizar a la audiencia, mientras que las presentaciones demasiado didácticas pueden no lograr atraer la atención. Encontrar este equilibrio es crucial para elaborar mensajes que resuenen, eduquen y motiven al público hacia la promoción y la acción.

Las asociaciones entre medios de comunicación y organizaciones contra la trata pueden amplificar los esfuerzos de promoción. Las empresas colaborativas pueden aunar recursos, experiencia y plataformas, creando campañas sinérgicas que aprovechen las fortalezas de cada socio. Estas alianzas también pueden garantizar que las representaciones de los medios sean precisas, respetuosas y alineadas con los objetivos de los movimientos contra la trata.

No se puede subestimar el poder de los medios visuales en la promoción. Los documentales, el fotoperiodismo y el cine tienen la capacidad única de representar las crudas realidades de la trata, haciendo visible lo invisible. Estas narrativas visuales pueden traspasar las barreras lingüísticas y culturales, apelando directamente a las facultades de procesamiento visual de la psique humana, provocando una respuesta visceral e inmediata.

Las historias de supervivientes, cuando se comparten con respeto y consentimiento, pueden ser herramientas particularmente potentes en la defensa de los medios de comunicación. Estos relatos de primera mano brindan una visión auténtica de las complejidades de la trata y desafían los estereotipos y las ideas erróneas. También sirven como poderosos testimonios de resiliencia y recuperación, ofreciendo esperanza e inspirando solidaridad con los sobrevivientes.

La medición del impacto de los medios es esencial para perfeccionar las estrategias de promoción. Los mecanismos de análisis y retroalimentación pueden medir la participación, el sentimiento y los cambios de comportamiento de la audiencia inducidos por las campañas en los medios. Este enfoque basado en datos permite a los defensores adaptar sus mensajes, maximizar su alcance y evaluar la eficacia de sus esfuerzos en tiempo real.

El contenido educativo es un componente vital de los medios para la promoción. Al incorporar información sobre cómo reconocer señales de trata, comprender sus causas fundamentales y saber cómo responder, los medios pueden dotar al público del conocimiento necesario para actuar como primeros intervinientes en sus comunidades. La educación a través de los medios se convierte así en una herramienta de prevención y empoderamiento.

La interacción entre los medios y la legislación es significativa. Las campañas en los medios pueden informar al público sobre las leyes y políticas propuestas, generando apoyo público para la acción legislativa contra la trata. Al resaltar las historias humanas detrás del proceso legislativo, los medios pueden cerrar la brecha entre las reformas legales abstractas y su impacto tangible en las vidas (Houston-Kolnik et al., 2020).

Por último, no se debe pasar por alto la dimensión espiritual de la defensa de los medios de comunicación. Los medios religiosos, al alinearse con principios morales y éticos, pueden movilizar a las comunidades religiosas contra la trata. Estos medios pueden invocar temas de justicia, compasión y administración, reuniendo el apoyo de individuos y grupos religiosos que ven la lucha contra la trata como parte de su deber espiritual.

En conclusión, los medios de comunicación, con sus vastas capacidades, desempeñan un papel indispensable en la lucha contra la trata de personas. A través de enfoques éticos, informados e innovadores, la promoción de los medios de comunicación puede arrojar luz sobre la oscuridad, inspirar acciones y contribuir significativamente a la erradicación de esta esclavitud moderna. Es un potente instrumento de cambio, capaz de movilizar a la sociedad hacia un futuro en el que prevalezca la libertad para todos.

Capítulo 18: Responsabilidad corporativa y tráfico laboral

En el esfuerzo actual por desmantelar el flagelo de la trata de personas, el papel de las corporaciones en la perpetuación de la trata laboral a través de cadenas de suministro opacas y estrategias de abastecimiento poco éticas invita a un examen riguroso. Este capítulo profundiza en la responsabilidad ética que tienen las corporaciones al garantizar que sus operaciones no apoyen directa o indirectamente la trata de mano de obra. La complejidad de las cadenas de suministro globales a menudo oscurece la realidad de las condiciones laborales, lo que hace imperativo que las corporaciones implementen procesos integrales de diligencia debida. El concepto de Responsabilidad Social Empresarial (RSE) se extiende más allá de la mera filantropía y exige un marco en el que el abastecimiento ético y la transparencia sean parte integral del espíritu operativo de una empresa. Este imperativo ético se alinea con los principios de la dignidad humana y el bien común, que sustentan el tejido moral de la sociedad. Las investigaciones destacan la eficacia de marcos regulatorios sólidos y la adopción de prácticas comerciales éticas para mitigar los riesgos del tráfico laboral dentro de las cadenas de suministro (Dryhurst, 2012). Además, involucrar a los consumidores a través de la transparencia puede fomentar una cultura de responsabilidad, impulsando la demanda de bienes producidos éticamente y desafiando a las corporaciones a redefinir las métricas de éxito más allá del resultado financiero para incluir el impacto social (Feasley, 2016). Por lo tanto, la cruzada contra la trata de mano de obra requiere un enfoque colaborativo, que movilice a las partes interesadas de todos los sectores para forjar un futuro en el que la actividad económica contribuya al florecimiento de la humanidad en lugar de su explotación.

Cadenas de suministro y abastecimiento ético

En la sociedad contemporánea, la complejidad de las cadenas de suministro globales presenta un desafío laberíntico para las corporaciones que se esfuerzan por garantizar un abastecimiento ético y la responsabilidad corporativa, particularmente en relación con el tráfico laboral. Esta carga no es simplemente una obligación legal sino un imperativo moral que se alinea con la dignidad humana fundamental. El entramado de transacciones económicas transfronterizas, la participación de innumerables entidades y la confusión de las prácticas laborales han hecho que los mecanismos de supervisión tradicionales a menudo sean ineficaces, lo que requiere una reevaluación integral de los enfoques para salvaguardar los derechos humanos dentro de la cadena de suministro.

En el corazón del abastecimiento ético se encuentra la cruda realidad del tráfico de mano de obra, un flagelo que ensombrece la economía global. La trata de mano de obra, la contratación de personas mediante la fuerza, el fraude o la coerción con el fin de someterlas a servidumbre involuntaria, peonaje, servidumbre por deudas o esclavitud, representa no sólo una afrenta a la ley sino una profunda violación ética. Es una manifestación de una economía que, cuando no se controla, devalúa el valor inherente del individuo, reduciéndola a meros instrumentos de lucro.

Las corporaciones, que están al mando de las cadenas de suministro globales, tienen una parte importante de responsabilidad a la hora de abordar la trata de mano de obra. Esta responsabilidad se extiende más allá de los límites de la legalidad hacia el ámbito del deber moral. Porque cada producto que adorna los estantes de nuestras tiendas lleva consigo una historia: una cadena de manos humanas por la que ha pasado. El imperativo ético exige que estas manos hayan trabajado voluntariamente, tratadas con el respeto y la dignidad que les corresponde (Jagers y Rijken, 2014).

El desafío, sin embargo, es monumental. La globalización ha vuelto las cadenas de suministro cada vez más opacas, con capas de subcontratación que oscurecen los orígenes de la mano de obra. Sin embargo, esta complejidad no puede ser una excusa para la inacción. La urgencia de arrojar luz sobre las sombras de las cadenas de suministro, para descubrir y reparar cualquier caso de tráfico laboral, es primordial. Esto requiere un esfuerzo concertado, una coalición de corporaciones, gobiernos, organizaciones no gubernamentales y la sociedad civil, cada uno de los cuales desempeña un papel crucial en la creación de un panorama económico transparente, responsable y éticamente sólido.

Los marcos de políticas desempeñan un papel fundamental en la configuración de los comportamientos corporativos hacia el abastecimiento ético. Legislación como la Ley de Protección a las Víctimas de la Trata (TVPA) sienta las bases legales sobre las que se construyen los esfuerzos para combatir la trata laboral. Sin embargo, las leyes por sí solas son insuficientes. Deben estar respaldados por una cultura corporativa que dé prioridad a las consideraciones éticas, que integre el respeto por la dignidad humana en el tejido mismo de sus operaciones comerciales.

La tecnología emerge como un potente aliado en la búsqueda de un abastecimiento ético. Herramientas innovadoras permiten una mayor transparencia dentro de las cadenas de suministro, facilitando el seguimiento de las prácticas laborales y la verificación del cumplimiento de estándares éticos. Sin embargo, la tecnología es una herramienta, no una panacea. Debe manejarse con sabiduría, guiado por una brújula moral que garantice que su uso sirva para elevar, no para explotar (Mehra y Shay, 2016).

La conciencia y el activismo de los consumidores han remodelado la dinámica del mercado, obligando a las corporaciones a tener en cuenta las implicaciones éticas de sus cadenas de suministro. Las decisiones tomadas por los consumidores, impulsadas por una comprensión informada del impacto de sus compras, ejercen el poder de catalizar el cambio, presionando a las corporaciones para que respeten prácticas de abastecimiento ético o enfrenten repercusiones económicas.

Un elemento central del debate sobre el abastecimiento ético es el concepto de dignidad humana. Desde una perspectiva filosófica y teológica, la dignidad humana proporciona la base sobre la cual se construyen los principios éticos. Afirma que cada individuo, en virtud de su humanidad, está dotado de un valor intrínseco que exige reconocimiento y respeto. Este principio requiere una reevaluación radical de los sistemas económicos, para garantizar que sirvan no sólo a fines de lucro sino también al florecimiento de las personas humanas.

La integración del abastecimiento ético dentro de las estrategias corporativas exige un enfoque multifacético. Requiere no sólo el establecimiento de procesos de auditoría rigurosos y la implementación de prácticas sólidas de debida diligencia, sino también el compromiso de fomentar un espíritu corporativo que coloque las consideraciones éticas en el centro de los procesos de toma de decisiones. Es un viaje que requiere perseverancia, porque los desafíos son sustanciales, pero los imperativos morales son incontrovertibles (Eckert, 2013).

La educación y el desarrollo de capacidades emergen como herramientas críticas en el esfuerzo por promover el abastecimiento ético. Al empoderar a las partes interesadas a lo largo de la cadena de suministro con conocimientos y habilidades, podemos construir una resiliencia colectiva contra las fuerzas que perpetúan la trata laboral. Es una tarea que requiere paciencia, ya que el cambio no ocurre de la noche a la mañana, pero con compromiso y colaboración, el progreso está a nuestro alcance.

La hoja de ruta hacia el abastecimiento ético está plagada de desafíos, pero es un camino que debe recorrerse. Hay mucho en juego, porque de su fin no sólo reside la prosperidad de las empresas sino también el bienestar de innumerables personas cuyas vidas se ven afectadas por la economía global. Es un viaje que exige valentía, resiliencia y, sobre todo, un compromiso firme con los principios de la dignidad humana y la justicia (Johnson et al., 2018).

En conclusión, la batalla contra la trata de mano de obra dentro de las cadenas de suministro globales es un testimonio del poder de la acción colectiva, un recordatorio de la responsabilidad que recae en manos de las corporaciones, los formuladores de políticas y los individuos por igual. A medida que avanzamos, dejémonos guiar por una visión moral que busca no sólo la ausencia de explotación sino la presencia de la justicia, no sólo la aplicación de las leyes sino la promulgación de una praxis ética. Es un llamado a la acción que resuena profundamente con los valores que sustentan la dignidad humana, un llamado al que debemos prestar atención con determinación inquebrantable.

Responsabilidad Social Corporativa

En un mundo plagado de injusticias como la trata de mano de obra, las corporaciones desempeñan un papel importante tanto en la perpetuación de tales explotaciones como en la lucha contra ellas. El concepto de Responsabilidad Social Empresarial (RSE) ha evolucionado de una mera palabra de moda a una estrategia crucial en la lucha contra los abusos de los derechos humanos, incluida la trata de mano de obra. Las corporaciones, impulsadas por algo más que las ganancias, tienen el poder de efectuar cambios sustanciales y fomentar una sociedad equitativa.

No se puede subestimar la importancia de la RSE si se considera el vasto alcance que tienen las corporaciones en todo el mundo. A través de prácticas comerciales éticas, las empresas pueden garantizar que sus cadenas de suministro estén libres de tráfico laboral. Este compromiso con el abastecimiento ético no solo beneficia a los trabajadores de estas cadenas de suministro, sino que también mejora la reputación corporativa y genera confianza entre los consumidores. El imperativo moral de hacer el bien y al mismo tiempo hacerlo bien resume la esencia de la RSE en el panorama comercial moderno (Lindgreen y Swaen, 2010).

Sin embargo, el camino hacia la implementación de estrategias efectivas de RSE está plagado de desafíos. El primer obstáculo es la complejidad de las cadenas de suministro globales. A menudo falta transparencia, lo que dificulta rastrear los orígenes de los productos y garantizar que todas las etapas de producción estén libres de explotación. Las empresas deben invertir en auditorías rigurosas y establecer relaciones con proveedores que compartan su compromiso con los derechos humanos.

Otro desafío radica en las presiones económicas para reducir costos, que a veces pueden llevar a comprometer las normas laborales. Es un delicado equilibrio lograr entre mantenerse competitivo en el mercado y garantizar el trato ético de los trabajadores. Aquí, el papel de la conciencia del consumidor y la demanda de bienes producidos éticamente se vuelve primordial. A medida que los consumidores se vuelven más conscientes socialmente, exigen responsabilidades a las empresas, lo que las lleva a adoptar prácticas más responsables (Shavers, 2012).

La implementación de la RSE también se extiende más allá de la gestión de la cadena de suministro para incluir la filantropía corporativa, la promoción y la participación comunitaria. Las empresas pueden aprovechar sus recursos e influencia para apoyar a organizaciones sin fines de lucro que trabajan en la primera línea de la batalla contra la trata de personas. A través de asociaciones, contribuciones financieras y campañas de concientización, las corporaciones pueden amplificar los esfuerzos para proteger a las poblaciones vulnerables y desmantelar las redes de tráfico.

Además, la RSE debería integrarse en la fibra misma de la cultura corporativa. No basta con que la RSE sea una ocurrencia tardía o un departamento aislado del resto de la empresa. Los líderes deben defender la responsabilidad social y las prácticas éticas en todos los niveles de su organización, incorporando estos principios en sus operaciones, desde las adquisiciones hasta el marketing.

A nivel estratégico, las iniciativas de RSE alineadas con las funciones comerciales centrales pueden generar sinergias que beneficien tanto a la empresa como a la sociedad. Por ejemplo, las empresas que invierten en las comunidades donde operan, especialmente en los países en desarrollo, pueden mejorar las condiciones sociales y al mismo tiempo fomentar un entorno estable y próspero para hacer negocios. Los programas de educación, atención médica y empoderamiento económico pueden ayudar a romper el ciclo de la pobreza y reducir la vulnerabilidad a la trata.

El marco legal que rodea la responsabilidad corporativa en cuestiones como la trata de mano de obra también se ha vuelto más estricto. La legislación de varios países ahora exige que las empresas informen sobre sus esfuerzos para identificar y mitigar los abusos de los derechos humanos en sus cadenas de suministro. Este entorno regulatorio subraya la importancia de estrategias proactivas de RSE para afrontar los riesgos legales, éticos y comerciales.

De hecho, el camino para erradicar la trata de mano de obra es largo y complejo, y requiere un enfoque multifacético. La responsabilidad social corporativa ofrece una vía poderosa a través de la cual las empresas pueden contribuir a esta lucha. Al priorizar las prácticas éticas, defender los derechos humanos e interactuar con las partes interesadas, las corporaciones pueden desempeñar un papel fundamental en la creación de un mundo más justo y humano.

Para este esfuerzo es fundamental la necesidad de investigación y diálogo continuos entre empresas, organizaciones sin fines de lucro, agencias gubernamentales y el público. Compartir las mejores prácticas, los desafíos y las lecciones aprendidas puede impulsar el esfuerzo colectivo para erradicar la trata laboral. Es un viaje que requiere perseverancia, innovación y colaboración (Uduji et al., 2019).

En esencia, la RSE encarna el reconocimiento de que las empresas no pueden prosperar en una sociedad que tambalea. El bienestar de los trabajadores, la integridad de las cadenas de suministro y la salud de las comunidades están estrechamente vinculados al éxito empresarial. Como administradoras de considerables recursos e influencia, las empresas tienen la obligación moral de ejercer su poder para el bien común, defendiendo iniciativas que salvaguarden la dignidad humana y promuevan el desarrollo sostenible.

En conclusión, mientras reflexionamos sobre el camino hacia la erradicación de la trata laboral, es evidente que las corporaciones desempeñan un papel crucial a través de su compromiso con la responsabilidad social. Es un testimonio de la noción de que la prosperidad económica y la justicia social no se excluyen mutuamente, sino que más bien se refuerzan mutuamente. El llamado a la acción es claro: que las corporaciones alcancen su máximo potencial como agentes de cambio en la lucha contra la trata laboral, incorporando los principios de la RSE en su ADN. Al hacerlo, allanan el camino hacia un futuro en el que se respeten y protejan los derechos de cada individuo.

Capítulo 19: La psicología de la trata

Al profundizar en las profundidades abisales de la psicología de la trata de personas, nuestro viaje es doble: comprender la mentalidad del traficante y comprender la consiguiente agitación psicológica infligida a las víctimas. Los traficantes a menudo operan bajo un marco de manipulación y explotación psicológica, utilizando tácticas que personifican los aspectos más oscuros de la naturaleza humana. Estos individuos se aprovechan de la vulnerabilidad, empleando la coerción y el engaño como herramientas de comercio, uniendo a sus víctimas en cadenas invisibles de miedo y dependencia. Los efectos psicológicos sobre las víctimas son profundos y duraderos. El trauma, el trastorno de estrés postraumático, la depresión y una serie de otros problemas de salud mental son comunes entre quienes han sufrido tal explotación. Los investigadores han documentado el complejo trauma que experimentan las víctimas de la trata y señalaron que el proceso de recuperación suele ser a largo plazo y estar plagado de desafíos (Beeson, 2014). El entrelazamiento del control psicológico con el abuso físico crea una prisión sin rejas, de la cual escapar requiere algo más que la liberación física. Es un recordatorio solemne de nuestro deber no solo de liberar a quienes están físicamente encadenados, sino también de embarcarnos en el arduo viaje de la curación psicológica, subrayando la suma importancia de los servicios de apoyo psicológico personalizados en el proceso de recuperación (Mordeson et al., 2022).

Entendiendo al traficante

En nuestro camino para enfrentar y erradicar el atroz delito de la trata de personas, es imperativo que dirijamos nuestra atención a quienes perpetúan esta injusticia: los propios traficantes. Comprender la mentalidad, las motivaciones y los métodos de los traficantes es crucial para diseñar estrategias efectivas para combatir la trata. Esta exploración profundiza en los factores psicológicos, sociales y económicos que llevan a los individuos a explotar a otros de una manera tan grave.

Psicológicamente, los traficantes a menudo muestran un inquietante desapego de la empatía y las consideraciones morales. Este desapego les permite ver a sus víctimas no como seres humanos sino como mercancías que pueden ser explotadas con fines de lucro. Esta mentalidad se ve alimentada por entornos sociales en los que la vida humana está infravalorada y las disparidades económicas son rampantes. Los motivos de los traficantes están impulsados principalmente por el atractivo de obtener ganancias financieras sustanciales con un riesgo aparentemente bajo, especialmente en jurisdicciones donde los mecanismos de aplicación de la ley son débiles o corruptibles (Dryjanska, 2024).

La metodología de los traficantes varía significativamente: algunos emplean la coerción y la violencia, mientras que otros utilizan el engaño y prometen a sus víctimas empleo, educación o una vida mejor. Comprender estos métodos es vital para que las autoridades y las comunidades identifiquen e intervengan eficazmente en posibles situaciones de trata.

Los traficantes suelen aprovechar vulnerabilidades como la pobreza, la falta de educación y la inestabilidad social o política. Estas condiciones crean un terreno fértil para que los traficantes ofrezcan falsas esperanzas a quienes buscan desesperadamente una salida a su situación. Las complejidades de la trata requieren un enfoque multifacético en su lucha, que incluya no sólo medidas punitivas contra los traficantes sino también abordar las causas profundas que hacen que las personas sean vulnerables a la trata en primer lugar.

Desde una perspectiva social, los traficantes a menudo operan dentro de redes que pueden traspasar fronteras, lo que hace que la trata sea un delito transnacional altamente organizado. En ocasiones, estas redes pueden implicar connivencia con funcionarios corruptos, lo que complica los esfuerzos por desmantelarlas. La naturaleza global de la trata exige cooperación internacional y una respuesta unificada de los organismos encargados de hacer cumplir la ley en todo el mundo (Fong y Cardoso, 2010).

A pesar de la sombría realidad de sus acciones, algunos traficantes no se ven a sí mismos como perpetradores de delitos sino más bien como empresarios que responden a la dinámica de la oferta y la demanda en el mercado. Esta racionalización es un crudo recordatorio de cuán profundamente arraigada se ha vuelto la mercantilización de los seres humanos en ciertos círculos. Combatir esta mentalidad requiere un cambio cultural hacia un mayor respeto por la dignidad humana y una aplicación estricta de las leyes que protegen a las personas de la explotación.

Es igualmente importante abordar el lado de la demanda de la trata de personas. Al reducir la demanda de mano de obra y servicios baratos a los que se ven obligadas las víctimas de la trata, la rentabilidad de las operaciones de trata puede verse significativamente socavada, haciendo que el delito sea menos atractivo para los traficantes potenciales. Las campañas de sensibilización pública y el consumismo ético desempeñan un papel crucial en este aspecto.

No se puede pasar por alto el papel de la tecnología en el tráfico. Los traficantes utilizan cada vez más Internet y las redes sociales para reclutar víctimas y comunicarse con los clientes de forma discreta. Esta dimensión digital de la trata requiere intervenciones tecnológicas sofisticadas y colaboraciones con empresas de tecnología para monitorear e interceptar las actividades de trata en línea.

Las medidas preventivas también deben centrarse en la educación y el empoderamiento de las poblaciones en riesgo. Al brindar acceso a la educación, oportunidades de empleo y servicios sociales, es menos probable que las personas sean víctimas de los engaños de los traficantes. Empoderar a las comunidades para que reconozcan y resistan la trata es una barrera formidable contra los traficantes.

A nivel legislativo, si bien muchos países han logrado avances significativos en la promulgación de leyes contra la trata, su aplicación sigue siendo un desafío. Fortalecer la capacidad de los organismos encargados de hacer cumplir la ley para abordar la trata, garantizar que el sistema de justicia penal pueda procesar adecuadamente a los traficantes y proteger a las víctimas son pasos esenciales en esta dirección.

Además, la rehabilitación y la reintegración social de las víctimas de la trata son fundamentales. Al garantizar que las víctimas tengan acceso a la justicia y a servicios de apoyo, la sociedad puede negar a los traficantes la capacidad de volver a victimizar o utilizar amenazas contra las familias de las víctimas como medio de control.

Es importante señalar que los traficantes a menudo se aprovechan de los segmentos más marginados de la sociedad: minorías, inmigrantes y personas económicamente desfavorecidas. Por lo tanto, abordar la trata de personas se cruza con esfuerzos más amplios para combatir la desigualdad, el racismo y la xenofobia.

Por último, las comunidades y organizaciones religiosas desempeñan un papel único tanto en la prevención de la trata como en el apoyo a sus víctimas. Sus marcos morales y éticos, junto con amplias redes comunitarias, los convierten en aliados invaluables en la lucha contra la trata. Su participación subraya el imperativo moral compartido entre las tradiciones religiosas de proteger a los vulnerables y buscar justicia (Beeson, 2014).

En conclusión, comprender al traficante es una tarea compleja que requiere un enfoque matizado que aborde las dimensiones psicológicas, sociales y económicas. Es un llamado a la acción para una respuesta colectiva de las autoridades, los legisladores, las comunidades y los individuos por igual. Sólo comprendiendo integralmente las fuerzas que impulsan a los traficantes podemos esperar desmantelar las estructuras que permiten la trata de personas y restaurar la dignidad y la libertad de sus innumerables víctimas.

Efectos sobre las víctimas

El flagelo de la trata de personas, a medida que se extiende por todo nuestro país, no sólo perturba las sociedades; Devasta profundamente a los individuos atrapados en sus garras. Cada víctima, atrapada por el atractivo o la contundencia de los traficantes, se embarca en un viaje desgarrador marcado por profundas cicatrices psicológicas, físicas y emocionales. Para comprender la profundidad de este impacto, hay que profundizar en las innumerables formas en que la trata altera la esencia de una persona, remodelando su visión del mundo, de los demás y, lo que es más conmovedor, de sí misma.

Los efectos psicológicos sobre las víctimas de la trata de personas son complejos y multifacéticos, y reflejan la grave explotación que soportan. La manipulación y la coerción utilizadas por los traficantes a menudo conducen a un fenómeno psicológico conocido como "impotencia aprendida" (Pascale et al., 2023). En este estado, las víctimas se sienten completamente impotentes y creen que no tienen control sobre sus vidas ni sobre su situación. Esta mentalidad paralizante puede persistir mucho después de haber escapado físicamente de la trata, lo que dificulta la recuperación y la integración en la sociedad.

Además, el trastorno de estrés postraumático (TEPT) está muy extendido entre los supervivientes de la trata. La exposición constante al trauma, la violencia y el miedo se arraiga en su psique y se manifiesta en pesadillas, flashbacks, ansiedad severa y pensamientos incontrolables sobre sus experiencias (Jones, 2019). La batalla contra estos síntomas no es simplemente una lucha diaria; es una lucha momento a momento para recuperar la paz mental y la estabilidad emocional.

La depresión es otra aflicción común que afecta a las víctimas de la trata. La sensación de aislamiento, traición e inutilidad pesa mucho en sus corazones, lo que a menudo los lleva a pensamientos o intentos suicidas. El camino hacia redescubrir la esperanza, el propósito y la autoestima es arduo y exige un apoyo inquebrantable tanto de la comunidad como de los profesionales.

Las víctimas también suelen sufrir graves trastornos de ansiedad, incluidos trastornos de ansiedad generalizada y ataques de pánico. La imprevisibilidad de su situación mientras son objeto de trata deja una marca duradera, lo que los hace temer perpetuamente ante amenazas desconocidas o percibidas. Este estado de hipervigilancia complica su capacidad para formar relaciones de confianza y puede perjudicar significativamente el funcionamiento social y ocupacional.

Un efecto particularmente insidioso de la trata de personas es la erosión de la confianza. Las víctimas a menudo experimentan la traición de aquellos en quienes antes confiaban o se vieron obligadas a confiar en sus traficantes como mecanismo de supervivencia. Reconstruir este componente fundamental de las relaciones humanas puede ser un proceso terriblemente lento, que requiere paciencia y comprensión por parte de los seres queridos y los profesionales.

El estigma asociado a ser víctima de trata exacerba aún más estas heridas psicológicas. Los conceptos erróneos y los juicios de la sociedad pueden aislar a las víctimas, haciéndolas reacias a buscar ayuda o compartir sus historias. Este aislamiento puede perpetuar sentimientos de vergüenza e inutilidad, profundizando su trauma.

Los problemas de salud física también son primordiales, ya que muchas víctimas sufren lesiones infligidas por sus traficantes o condiciones derivadas de las malas condiciones de vida y el abandono. Además, las víctimas de trata sexual pueden enfrentar problemas de salud reproductiva, ETS y las consecuencias de abortos forzados, lo que requiere servicios de atención médica integrales y compasivos (Atkins, 2008).

No se pueden pasar por alto los deterioros cognitivos resultantes del estrés y el trauma prolongados. La pérdida de memoria, la dificultad para concentrarse y la alteración de la capacidad para tomar decisiones son comunes, lo que afecta la capacidad de las víctimas para aprender, trabajar y participar en las actividades cotidianas.

Los niños que son víctimas de la trata enfrentan desafíos únicos en su desarrollo. La explotación perturba su educación, desarrollo emocional y socialización, dejando impactos duraderos que pueden alterar la trayectoria de sus vidas. El proceso de curación y reintegración de estas jóvenes víctimas requiere intervenciones especializadas que aborden sus necesidades físicas y psicológicas.

A nivel relacional, los efectos de la trata pueden romper las conexiones familiares y sociales, haciendo que las víctimas se sientan alienadas de sus comunidades. El camino hacia la reconstrucción de estas relaciones está plagado de desafíos, ya que tanto las víctimas como sus familias deben navegar por una compleja red de emociones, que incluyen culpa, ira y dolor (Salami et al., 2018).

Las implicaciones económicas para las víctimas también son significativas. Muchos salen de la trata sin recursos financieros, educación o habilidades profesionales, lo que dificulta el logro de la independencia y la estabilidad económicas. Esta vulnerabilidad puede conducir a una nueva victimización o forzar a las personas a situaciones precarias para sobrevivir.

Sin embargo, en medio de estos innumerables desafíos, existe un camino potencial hacia la resiliencia y la recuperación. Con el apoyo adecuado, las víctimas pueden empezar a sanar las heridas psicológicas infligidas por la trata. Al fomentar un sentido de empoderamiento y reconstruir sus vidas con dignidad y propósito, los sobrevivientes pueden transformar sus experiencias dolorosas en una fuente de fortaleza.

No se puede subestimar el papel de la fe y la espiritualidad en este proceso de curación. Para muchas víctimas, volver a conectarse con su fe o explorar prácticas espirituales puede ofrecer consuelo, esperanza y un renovado sentido de pertenencia. En este sentido, las comunidades espirituales tienen el potencial de desempeñar un papel fundamental en el apoyo a los sobrevivientes en su viaje hacia la curación y la redención.

En conclusión, los efectos de la trata de personas sobre sus víctimas son profundos y duraderos. Sin embargo, a través de un enfoque integral que aborde las necesidades psicológicas, físicas, económicas y espirituales, la recuperación es posible. Corresponde a la sociedad brindar empatía, apoyo y recursos a estas personas, permitiéndoles recuperar sus vidas y emerger más fuertes después de su terrible experiencia.

Capítulo 20: Enfoque especial: Niños en la trata

La vil trampa de los niños en los sombríos reinos de la trata de personas es un flagelo que aflige a los más inocentes entre nosotros. Estas almas jóvenes, coaccionadas o secuestradas en situaciones de explotación, enfrentan no sólo la pérdida de su libertad sino también un impacto indeleble en su desarrollo y psique. La dinámica de la trata de niños es compleja y desgarradora. Los depredadores explotan la vulnerabilidad de los niños, a menudo utilizando la manipulación o la fuerza absoluta para atraparlos en diversas formas de servidumbre, ya sea para trabajo, explotación sexual u otras actividades ilegales (Rafferty, 2008). La inocencia de la infancia está corrompida, retorcida y convertida en una mercancía que los traficantes comercializan con frío cálculo.

Los esfuerzos para proteger y recuperar a estas jóvenes víctimas son multifacéticos y requieren una combinación de vigilancia, compasión y acción decisiva. Las medidas de protección son esenciales para prevenir la trata de niños, integrando programas de concientización comunitaria, iniciativas escolares y una aplicación rigurosa de las leyes diseñadas para disuadir a los traficantes. Los programas de recuperación y reintegración desempeñan un papel fundamental en la curación de las heridas infligidas por la trata. Estos programas deben abordar el daño físico, emocional y psicológico que sufren los niños atrapados en estas situaciones atroces, ofreciéndoles un camino para recuperar sus vidas y tener esperanza en un futuro (Nazer y Greenbaum, 2020).

La participación de todos los sectores de la sociedad es vital para erradicar la trata de niños. Los organismos encargados de hacer cumplir la ley, las instituciones educativas, los proveedores de atención médica y las organizaciones comunitarias deben unirse con el propósito común de detectar, prevenir y combatir esta forma de esclavitud moderna. Las comunidades religiosas, en particular, pueden proporcionar un santuario para la curación y la recuperación, aprovechando su influencia moral y sus recursos en apoyo de estos niños vulnerables. Sólo mediante un esfuerzo concertado podemos esperar desmantelar las redes que perpetúan la trata de niños y restaurar los derechos y la dignidad de sus víctimas más jóvenes (Raffert, 2021).

Dinámica de la trata de niños

El fenómeno de la trata de niños, en sus múltiples dimensiones, se entrelaza con los más bajos instintos de explotación y los más elevados llamamientos a la justicia y la protección de los inocentes. En el contexto de Estados Unidos, este flagelo se manifiesta de diversas formas, transformando las vidas de sus víctimas en narrativas de desesperación y, para unos pocos afortunados, de resiliencia y recuperación. La dinámica de la trata de niños es compleja, está impulsada por la demanda y facilitada por la vulnerabilidad de los jóvenes y los marginados.

Para comprender estas dinámicas es fundamental reconocer los factores que hacen que los niños sean susceptibles. La pobreza, la inestabilidad familiar y la falta de educación forman una tríada de vulnerabilidad que hace que los niños sean susceptibles a las falsas promesas de los traficantes. Estos perpetradores explotan la inocencia y la confianza inherentes a los niños, tejiendo redes de engaño que los alejan del hogar y los llevan a la agonía de la explotación (Suvaningsi et al., 2021).

En el contexto estadounidense, Internet se ha convertido en un escenario predominante para la trata de niños. Los traficantes navegan hábilmente por las plataformas de redes sociales, sitios de juegos y salas de chat, haciéndose pasar por amigos y confidentes para atraer a los niños a sus trampas. La era digital, a pesar de todos sus beneficios, paradójicamente ha aumentado los riesgos que enfrentan los niños, ampliando el alcance de los traficantes más allá de los espacios físicos hacia los virtuales.

Una vez atrapados, las experiencias de los niños víctimas de la trata están marcadas por una profunda explotación y abuso. Las formas de trata que soportan son multifacéticas y van desde el trabajo forzoso en el ámbito agrícola o doméstico hasta la explotación sexual. Esto último es particularmente atroz, ya que se obliga a los niños a actuar en materiales pornográficos o se los entregan a adultos que buscan encuentros ilícitos. La mercantilización de su inocencia es un claro testimonio de la depravación de los traficantes (Querol y Lerner, 2021).

La trata de niños no es simplemente un acto de malicia individual, sino que se sustenta en una demanda social más amplia de mano de obra explotable y explotación sexual. Esta demanda crea un mercado en el que los niños son vistos y tratados como mercancías, cuyo valor está ligado a su utilidad para los traficantes y aquellos que se benefician de los servicios de la trata. Es un reflejo escalofriante de las fallas sociales y un indicador claro de los fundamentos sistémicos de este crimen.

Enfrentar esta crisis requiere una respuesta multifacética que aborde tanto el lado de la oferta como el de la demanda de la trata. Las fuerzas del orden desempeñan un papel crucial a la hora de detener y procesar a los traficantes y desmantelar las redes que perpetúan este delito. Sin embargo, el enjuiciamiento por sí solo es insuficiente. Las medidas preventivas, centradas en la educación y la concientización, son vitales para reducir la vulnerabilidad de los niños al atractivo de la trata. Además, es necesario examinar y reformar las actitudes sociales hacia los patrones de consumo que indirectamente perpetúan la explotación laboral y sexual.

Las medidas de protección y recuperación de las víctimas son primordiales. El camino de víctima a sobreviviente está plagado de desafíos, tanto psicológicos como físicos. Recuperarse del trauma de la trata requiere un ecosistema de apoyo, que incluya servicios de salud mental, educación y oportunidades de integración. El camino hacia la curación suele ser largo y complejo, lo que pone de relieve la importancia de contar con recursos dedicados y enfoques de atención empáticos e integrales (Hart, 2008).

No se puede subestimar el papel de las organizaciones comunitarias y religiosas en el apoyo a la recuperación y la sensibilización. Al proporcionar una red de apoyo y defensa, encarnan los principios de compasión y justicia fundamentales para la lucha contra la trata de niños. Sus esfuerzos subrayan la necesidad de una acción colectiva para enfrentar este mal.

Abordar la trata de niños también exige tener en cuenta cuestiones sociales más amplias que alimentan su persistencia. Las disparidades económicas, la injusticia social y la erosión de las estructuras comunitarias y familiares contribuyen al entorno en el que prospera la trata. Abordar estas causas profundas es esencial para fomentar una sociedad donde los niños estén a salvo de las garras de los traficantes.

La educación, tanto del público como de las poblaciones vulnerables, surge como una poderosa herramienta en el arsenal contra la trata. Las campañas de concientización que dilucidan los signos de la trata y educan sobre la seguridad en línea pueden mitigar significativamente los riesgos que enfrentan los niños. Las escuelas, como centros de aprendizaje y desarrollo, tienen una responsabilidad particular a la hora de integrar estos debates en sus planes de estudio, equipando a los niños con el conocimiento y las habilidades para navegar en un mundo cada vez más complejo.

La legislación, si bien es un elemento disuasorio esencial, debe evaluarse y actualizarse continuamente en respuesta a la evolución de las tácticas de los traficantes. La agilidad de las redes de tráfico, particularmente en su utilización de la tecnología, exige marcos legales y estrategias de aplicación igualmente adaptables. Las leyes estatales y federales deben alinearse para no ofrecer cuartel a los traficantes y al mismo tiempo garantizar protecciones sólidas para las víctimas.

La trata de niños, con todas sus complejidades, es una afrenta a la dignidad y el valor inherentes de cada niño. Despoja a los jóvenes de su inocencia, su libertad y su futuro, lo que constituye una grave violación de los derechos humanos y una ofensa atroz contra la decencia y la moralidad. La lucha contra este flagelo es un testimonio de la resiliencia del espíritu humano y de la creencia duradera en la posibilidad de la justicia y la renovación.

En resumen, la dinámica de la trata de niños requiere una respuesta tan multifacética y adaptable como el delito mismo. Es una batalla que debe librarse en varios frentes: legal, educativo, social y moral. Al permanecer unida en esta lucha, informada por los principios de justicia y compasión, la sociedad puede forjar un camino hacia la erradicación de este mal, restaurando la esperanza y la dignidad en las vidas de los niños afectados.

Medidas de protección y recuperación

En la búsqueda para enfrentar y superar el flagelo de la trata, particularmente porque afecta a los más vulnerables entre nosotros (nuestros niños), no se puede subestimar la necesidad de medidas sólidas de protección y recuperación. El bienestar y la restauración de estas jóvenes víctimas constituyen la piedra angular sobre la que descansa la lucha más amplia contra la trata de personas. En este sentido, los esfuerzos para proteger a los niños y facilitar su curación deben ser integrales y multifacéticos, combinando estrategias legales, psicológicas y sociales para abordar las complejas necesidades de los afectados.

En primer lugar, desde una perspectiva jurídica, existe una necesidad imperativa de una legislación específica para niños que no sólo penalice a los traficantes con la mayor severidad sino que también atienda las necesidades únicas de los niños víctimas. Dicha legislación debe considerar el trauma duradero experimentado por estos niños y, por lo tanto, incluir disposiciones para su rehabilitación física, psicológica y social (Rafferty, 2008). Este enfoque subraya el principio fundamental de que los niños no son meros testigos u objetos de estos crímenes, sino individuos con derechos inherentes que merecen protección y apoyo totales.

Es pertinente que la protección de los niños contra la trata comience con el establecimiento de mecanismos sólidos para su identificación. Dada su vulnerabilidad y las tácticas de manipulación que a menudo emplean los traficantes, es posible que los niños no se identifiquen fácilmente como víctimas. En consecuencia, la capacitación de las fuerzas del orden, los proveedores de atención médica, los educadores y otros profesionales de primera línea es esencial para detectar los signos sutiles de la trata e iniciar intervenciones adecuadas (Querol y Lerner, 2021).

Tras la identificación, las medidas inmediatas para garantizar la seguridad del niño son fundamentales. Una vivienda segura que no sólo sea segura sino que también propicie la curación es un requisito primordial. Estos entornos deben contar con profesionales capacitados en atención informada sobre el trauma, reconociendo los profundos impactos de la trata en el bienestar físico y mental de un niño (Aliotta, 2021).

El camino hacia la recuperación es invariablemente largo y complejo y requiere un espectro de intervenciones terapéuticas. El apoyo psicológico, incluida la terapia cognitivo-conductual centrada en el trauma, puede ayudar a los niños a procesar sus experiencias y comenzar a reconstruir su sentido de autoestima y agencia. Además, la educación y la formación profesional son componentes vitales de los programas de recuperación, ya que ofrecen a los supervivientes vías para reconstruir sus vidas y romper el ciclo de explotación.

Paralelamente, los esfuerzos por reintegrar a los niños víctimas a la sociedad deben abordarse con sensibilidad y cuidado. El estigma asociado con la trata puede conducir al aislamiento social, complicando la recuperación. Los programas de apoyo comunitarios que fomentan la comprensión y la aceptación son indispensables para garantizar que los niños puedan volver a una apariencia de normalidad.

Igualmente importante es el papel de la unidad familiar en el proceso de recuperación. Si bien no siempre es factible o apropiada, se debe buscar la reintegración de los niños a sus familias, cuando sea segura y beneficiosa para el niño. El apoyo y el asesoramiento para las familias son cruciales, ya que les proporcionan el conocimiento y los recursos para brindar un ambiente hogareño de apoyo.

Las medidas preventivas, aunque no forman parte directamente del proceso de recuperación, están intrínsecamente vinculadas a la protección de los niños contra la trata. Las iniciativas de educación y sensibilización dirigidas a los niños, las familias y las comunidades en general desempeñan un papel fundamental en la prevención. Dotar a los niños de conocimientos sobre la trata, incluido cómo reconocer y denunciar posibles amenazas, es una salvaguardia fundamental contra la explotación.

Junto con estos esfuerzos de primera línea, la promoción de políticas es fundamental para impulsar el cambio sistémico. La promoción de políticas que mejoren la protección infantil, apoyen a las víctimas y garanticen un procesamiento riguroso de los traficantes es esencial para una estrategia integral contra la trata. Esto requiere un esfuerzo unificado entre entidades gubernamentales, organizaciones sin fines de lucro, grupos religiosos y la comunidad en general.

A nivel práctico, la sostenibilidad de los programas de protección y recuperación depende de una financiación y recursos adecuados. Garantizar un apoyo continuo para estas iniciativas es un desafío que requiere enfoques innovadores en materia de filantropía, financiación gubernamental y asociaciones público-privadas.

En última instancia, la medida del éxito en la protección y recuperación de los niños víctimas de la trata se encontrará en la restauración de su dignidad, autonomía y esperanza para el futuro. Es una tarea de profunda importancia moral y social, que exige compromiso, compasión y coraje de todos los sectores de la sociedad.

En conclusión, el camino desde la victimización hasta el empoderamiento de los niños que han sufrido las indignidades de la trata está plagado de desafíos. Sin embargo, con un enfoque concertado y holístico, que incluya protección legal, curación psicológica y reintegración social, hay esperanza. Como comunidad unida en propósito y acción, tenemos el poder no solo de reparar vidas rotas sino también de forjar un futuro en el que los niños estén protegidos de los horrores de la trata.

Capítulo 21: Involucrar a las comunidades religiosas

En la lucha actual por desmantelar las redes profundamente arraigadas de trata de personas dentro de Estados Unidos, la movilización de las comunidades religiosas emerge como una frontera fundamental. Basadas en un profundo compromiso con la dignidad, la justicia y la compasión, estas comunidades ejercen una influencia única capaz de inspirar un cambio transformador. Este capítulo profundiza en el compromiso estratégico de las iglesias y los grupos religiosos, aclarando cómo se pueden aprovechar sus creencias doctrinales y su alcance social para combatir la trata de manera efectiva. Al reconocer que la curación espiritual forma un componente integral de la recuperación de muchos sobrevivientes, los programas de curación basados en la fe se destacan por su enfoque holístico, que aborda las heridas psicológicas y espirituales infligidas por la trata. Se examinan los esfuerzos de colaboración entre comunidades religiosas y organizaciones seculares contra la trata, mostrando modelos exitosos de asociación que amplifican el impacto a través de recursos y experiencia compartidos (Smith, 2019). Además, el capítulo explora los fundamentos teológicos que motivan y sostienen el activismo basado en la fe, proporcionando un marco sólido para comprender los imperativos morales que impulsan este trabajo crucial (Johnson & O'Brien, 2021). A medida que las comunidades religiosas continúan galvanizándose, su papel en la sensibilización, el apoyo a los sobrevivientes y la promoción de un cambio sistémico representa un rayo de esperanza en la lucha contra la trata, reforzando la creencia de que la acción colectiva arraigada en la fe puede allanar el camino hacia un futuro libre de explotación (Atkins, 2008).

Movilización de iglesias y grupos religiosos

La batalla contra la trata de personas es compleja y formidable y requiere los esfuerzos concertados de muchas facetas de la sociedad. Entre ellos, las iglesias y los grupos religiosos ocupan una posición única y poderosa. Sus profundas raíces comunitarias, su autoridad moral y sus extensas redes los convierten en aliados vitales en esta lucha. Esta sección explora el papel fundamental que las iglesias y los grupos religiosos pueden desempeñar en la movilización contra la trata de personas y describe los pasos prácticos que se pueden tomar para lograr un impacto tangible.

En primer lugar, la creación de conciencia constituye un paso fundamental. Muchos fieles desconocen hasta qué punto la trata de personas prevalece en sus comunidades. Las iglesias pueden servir como plataformas para la educación, empleando sermones, talleres y materiales informativos para iluminar la perniciosa realidad de la trata. Al fomentar una congregación informada, las iglesias sientan las bases para un enfoque proactivo en lugar de reactivo para combatir la trata.

Además, la formación es un componente esencial de la movilización. Tanto el clero como los líderes laicos se benefician de una capacitación especializada en la identificación de señales de trata y respuestas apropiadas. Esta capacitación, a menudo brindada en asociación con expertos y organizaciones con experiencia en esfuerzos contra la trata, equipa a las comunidades religiosas con el conocimiento y las herramientas necesarias para la detección e intervención tempranas.

Un activo importante que poseen las iglesias es su capacidad para ofrecer apoyo integral a los sobrevivientes. Los grupos religiosos pueden aprovechar sus vastos recursos para brindar servicios esenciales como asesoramiento, vivienda segura, asistencia legal y capacitación laboral. El ambiente compasivo y acogedor de las comunidades religiosas ofrece a los sobrevivientes un refugio seguro donde pueden encontrar sanación y restauración.

Además, la promoción es una vía poderosa a través de la cual las iglesias pueden lograr cambios. Al aprovechar su voz colectiva, los grupos religiosos pueden influir en las políticas a nivel local, estatal y nacional. Las campañas y peticiones encabezadas por iglesias pueden instar a los legisladores a promulgar y hacer cumplir leyes que protejan a las víctimas y castiguen a los traficantes. Las comunidades religiosas también pueden participar en campañas de concientización pública, utilizando su alcance para educar a la comunidad en general y conseguir apoyo para los esfuerzos de erradicación.

Las asociaciones con las fuerzas del orden son esenciales para la captura y el enjuiciamiento exitosos de los traficantes. Las iglesias pueden fomentar relaciones con los departamentos de policía locales y las agencias federales, facilitando la capacitación de los agentes sobre competencia cultural y las necesidades específicas de los sobrevivientes dentro de contextos religiosos. Estas asociaciones mejoran la eficacia de las investigaciones y garantizan que las víctimas reciban la atención y el apoyo que necesitan.

La colaboración internacional amplía aún más el alcance de las iglesias en la lucha contra la trata. Muchas organizaciones religiosas abarcan todos los países, lo que las posiciona de manera única para ayudar en la lucha global contra la trata. La colaboración con grupos religiosos de otras naciones permite el apoyo transfronterizo, el intercambio de información y los esfuerzos para desmantelar las redes internacionales de tráfico.

La prevención es otra área crítica donde las iglesias pueden tener un impacto significativo. Al integrar debates sobre la dignidad humana, el respeto y los males de la explotación en los programas educativos basados en la fe, las iglesias pueden cultivar una cultura que se oponga firmemente a la trata. Los grupos de jóvenes, en particular, brindan una plataforma valiosa para involucrar a la generación más joven en debates sobre la justicia, la compasión y su papel en la prevención de la trata.

La movilización de voluntarios dentro de las congregaciones puede proporcionar la mano de obra necesaria para diversas iniciativas contra la trata. Las iglesias pueden organizar equipos de voluntarios para apoyar los refugios locales, participar en actividades de extensión comunitaria o incluso formar grupos de vigilancia que monitoreen posibles actividades de trata en sus localidades.

Las contribuciones financieras y la recaudación de fondos dentro de las comunidades religiosas pueden reforzar significativamente los esfuerzos de las organizaciones dedicadas a combatir la trata. Al ofrecer apoyo financiero, las iglesias pueden ayudar a estas organizaciones a ampliar su alcance y mejorar su impacto.

Al abordar las necesidades de las poblaciones marginadas, las iglesias pueden abordar una de las causas fundamentales de la trata. Ofrecer servicios de apoyo a grupos en riesgo reduce su vulnerabilidad ante los traficantes. Las iniciativas pueden incluir despensas de alimentos, programas de capacitación laboral y apoyo a inmigrantes y refugiados.

Las iniciativas interreligiosas son vitales para construir un frente unido contra la trata. Dada la condena universal de la trata por parte de todas las religiones principales, las colaboraciones interreligiosas pueden amplificar los esfuerzos, aunando recursos y conocimientos para lograr un mayor impacto.

El apoyo espiritual a los supervivientes es un área en la que destacan las comunidades religiosas. Ofreciendo atención pastoral, grupos de oración y asesoramiento espiritual, las iglesias pueden abordar las profundas heridas emocionales y espirituales infligidas por la trata. Este alimento espiritual es parte integral del proceso de curación holística de los sobrevivientes.

Finalmente, los grupos religiosos pueden predicar con el ejemplo, implementando prácticas éticas dentro de sus operaciones para garantizar que no apoyen la trata sin darse cuenta. Esto incluye examinar las cadenas de suministro de bienes de la iglesia y garantizar prácticas laborales justas en las empresas afiliadas a la iglesia.

En conclusión, movilizar iglesias y grupos religiosos contra la trata de personas no es simplemente una opción; es un imperativo moral. Al educar a los feligreses, apoyar a los sobrevivientes, abogar por la justicia y fomentar colaboraciones internacionales e interreligiosas, las comunidades religiosas pueden impulsar avances significativos en la lucha contra este flagelo. Como miembros de una comunidad global llamada a defender la dignidad de cada ser humano, la tarea de combatir la trata es un deber sagrado que las iglesias están especialmente equipadas para asumir.

Programas de curación basados en la fe

Los capítulos anteriores han expuesto la cruda realidad y la naturaleza multifacética de la trata de personas como una plaga para nuestra sociedad. Es en este contexto que las comunidades de fe, en particular la Iglesia católica, se ven llamadas a actuar, no sólo en la prevención y la educación, sino también significativamente en la curación y restauración de los sobrevivientes. Este capítulo profundiza en el papel fundamental de los programas de curación basados en la fe, operacionalizados a través de la lente de la compasión, el apoyo comunitario y la renovación espiritual.

Al abordar las consecuencias de la trata, las heridas psicológicas y espirituales infligidas a las víctimas son profundas y complejas. Los mecanismos seculares de asesoramiento y apoyo, si bien son fundamentales, a veces pueden pasar por alto la desesperación espiritual a la que se enfrentan muchos supervivientes. Aquí radica el papel indispensable de los programas de curación basados en la fe que ofrecen un enfoque holístico a la recuperación, abordando tanto la dimensión corporal como la espiritual de la curación.

Estos programas funcionan bajo el principio de imago Dei, la creencia de que cada individuo está hecho a imagen de Dios y, como tal, posee dignidad y valor intrínsecos (Génesis 1:27). Este principio sustenta los esfuerzos terapéuticos, inculcando en los sobrevivientes un sentido de autoestima y pertenencia que la trata les había despojado.

Además, los programas basados en la fe a menudo operan dentro de redes de iglesias existentes, aprovechando un enfoque de curación orientado a la comunidad. Este aspecto comunitario es vital, ya que el aislamiento experimentado durante y después de la trata puede ser profundamente debilitante. El sentido de pertenencia a una comunidad, de ser visto, escuchado y valorado, puede ser transformador para los sobrevivientes, fomentando la resiliencia y facilitando una curación más profunda.

Uno de los componentes centrales de estos programas es su énfasis en el asesoramiento y la orientación espiritual. Los traumas de la trata pueden hacer que los sobrevivientes cuestionen su fe, se sientan abandonados por Dios o indignos de su amor. La consejería espiritual ofrece un camino a través de estas crisis espirituales, ayudando a los sobrevivientes a reconciliar sus experiencias con su fe, a menudo a través de las narrativas de redención, perdón y esperanza que se encuentran en las Escrituras.

Es imperativo señalar que, si bien estos programas están profundamente arraigados en la fe, son inclusivos y respetuosos de las creencias y trayectorias espirituales de los sobrevivientes.

El objetivo no es la conversión sino la curación, marcada por un espíritu de "encontrar a las personas donde están" y acompañarlas en su camino hacia la recuperación.

Sin embargo, la eficacia de los programas de curación basados en la fe no es únicamente una cuestión de intervención espiritual. Muchos trabajan en conjunto con servicios profesionales de salud mental, reconociendo la importancia de un enfoque multidisciplinario para la curación. Esta relación simbiótica entre fe y ciencia subraya el holismo de los programas, que apuntan a la restauración de la persona en su totalidad.

Los estudios de casos y los testimonios de sobrevivientes que han participado en estos programas dicen mucho sobre su impacto. Muchos relatan experiencias de profunda renovación espiritual, de encontrar esperanza en medio de la desesperación y de comenzar a imaginar un futuro libre de las cadenas de su pasado. Estas historias son testimonios poderosos del poder transformador de la curación basada en la fe en las vidas de los sobrevivientes de la trata.

Sin embargo, el viaje no está exento de desafíos. El estigma, tanto dentro como fuera de la iglesia, puede ser una barrera importante para acceder a estos programas. Sigue existiendo una necesidad apremiante de educación y promoción continua dentro de las comunidades religiosas para desmantelar conceptos erróneos sobre la trata de personas y cultivar una cultura de apertura y apoyo.

Además, la escalabilidad y sostenibilidad de estos programas dependen de redes y recursos de apoyo sólidos. La participación de la comunidad eclesial en general, a través del voluntariado, la recaudación de fondos y la promoción, es esencial para garantizar que estos programas puedan llegar y apoyar a tantos sobrevivientes como sea posible.

En conclusión, los programas de curación basados en la fe encarnan el corazón compasivo y redentor de la respuesta de la comunidad religiosa a la trata de personas. Son faros de esperanza que ofrecen un camino hacia la curación impregnado del amor y la dignidad que toda persona merece. Como tales, son un componente vital del esfuerzo colectivo necesario para abordar el flagelo de la trata de personas, presagiando un futuro en el que la libertad y la curación sean posibles para todos.

Referencias:

Capítulo 22: Oraciones católicas romanas contra la trata

En esta coyuntura crítica de nuestra batalla contra el flagelo de la trata de personas, recurrimos a un arsenal único: el poder de la oración dentro de la fe católica romana. Al reconocer los profundos impactos de la guerra espiritual contra la oscuridad de la trata de personas, este capítulo delinea la esencia de invocar la intervención divina a través de oraciones de adoración, contrición, acción de gracias y súplica. El fundamento teológico de tales oraciones reside no sólo en suplicar la intercesión de Dios sino también en fortalecer la resolución comunitaria contra las atrocidades de la trata. Las oraciones de adoración reconocen la soberanía de Dios sobre todas las creaciones, incluidas las complejidades de la libertad y la dignidad humanas. A través de oraciones de contrición, los fieles expresan remordimiento por los pecados sociales que han permitido que tales males se agraven. Las oraciones de Acción de Gracias sirven como recordatorio de las victorias, tanto grandes como pequeñas, contra la trata, celebrando cada alma rescatada y cada perpetrador llevado ante la justicia. Por último, las oraciones de súplica son llamamientos fervientes por la protección de los vulnerables, la liberación de los atrapados y la conversión de quienes perpetran estos crímenes.

Oraciones de adoración

En la abrumadora sombra de la trata de personas que oscurece los rincones de nuestro mundo, nosotros, como creyentes y firmes participantes de la fe católica, encontramos consuelo y fortaleza en las oraciones de adoración. Este aspecto intrínseco de nuestra vida de oración nos permite no sólo reconocer la infinita majestad y misericordia de nuestro Creador, sino también sentar las bases para nuestra petición contra el agravio de la trata que aflige a innumerables almas. En momentos de adoración, elevamos nuestro corazón y nuestra mente a Dios, reconociendo Su soberanía e implorando Su intervención en la difícil situación de aquellos atrapados por las cadenas de la esclavitud moderna.

El acto de adoración, en su forma más pura, sirve como una ofrenda santificada que trasciende el ámbito físico, una conexión etérea entre lo divino y lo mortal. Es en este espacio sagrado donde nosotros como fieles, guiados por el Espíritu Santo, podemos ofrecer nuestras oraciones por las víctimas de la trata, identificándonos con su sufrimiento a través de la pasión de Cristo nuestro Salvador. A través de nuestras oraciones de adoración, afirmamos que el amor de Dios no conoce límites y su justicia no tiene limitaciones. Reconocemos que frente a un mal tan profundo, nuestro Padre Todopoderoso sigue siendo un faro inquebrantable de esperanza y redención para todos.

Por lo tanto, en nuestras oraciones de adoración, elevemos la dignidad de cada ser humano, reconociendo a cada persona como una obra maestra de la creación de Dios, inherentemente digna de respeto, amor y libertad. Al hacerlo, no sólo honramos la imagen divina en la que todos estamos hechos, sino que también enfrentamos la injusticia del tráfico con el profundo poder del amor divino.

En estos momentos de reflexión espiritual y adoración, recordemos las palabras de la Escritura, que nos recuerdan que "El Señor es bueno para con todos, y su misericordia sobre todo lo que ha hecho" (Salmo 145,9). Esta bondad y misericordia divinas nos inspiran a abogar incansablemente por aquellos atrapados en la oscuridad de la trata, capacitándonos para ser instrumentos de la luz de Dios.

Nuestra adoración se extiende más allá de las palabras, transformándose en acciones que reflejan el amor de Cristo, que vino "a proclamar la libertad a los presos y la vista a los ciegos, y a liberar a los oprimidos" (Lucas 4:18). Como sus seguidores, estamos llamados a encarnar esta misión en nuestra lucha contra la trata, inspirados por nuestra adoración al Dios que desea libertad para todos sus hijos.

Dejemos que nuestras oraciones de adoración revigoricen nuestro compromiso con esta causa, alimentando nuestros esfuerzos con el conocimiento de que con Dios todo es posible. Ante tal adversidad, nuestra fe brinda la seguridad de que la oscuridad nunca podrá vencer la luz de Cristo, que brilla intensamente en cada acción adoptada para combatir la trata.

A medida que continuamos navegando por las complejidades y desafíos de la lucha contra la trata de personas, nuestra adoración se convierte en una piedra angular de esperanza, no sólo para nosotros sino para cada alma que anhela la liberación. En nuestra profunda reverencia y adoración, encontramos la fuerza para perseverar, el coraje para hablar y la sabiduría para actuar con justicia.

En este sagrado diálogo de adoración, se nos recuerda nuestra responsabilidad colectiva de salvaguardar la santidad de la vida y la dignidad humanas. Nos obliga a mirar más allá de nuestras propias necesidades, a tender la mano a quienes sufren en silencio y a ser su voz cuando no pueden hablar. Nuestra adoración, por lo tanto, se convierte en un acto de solidaridad, un testimonio de nuestra creencia inquebrantable en el poder de la gracia de Dios para sanar, restaurar y redimir.

Por lo tanto, acerquemos nuestras oraciones de adoración con sincera reverencia, conscientes de su profundo impacto en nuestro viaje espiritual y nuestra misión de poner fin a la trata de personas. A través de estas oraciones, no sólo glorificamos a Dios sino que también afirmamos nuestra dedicación a la causa de la justicia y la misericordia, oponiéndonos firmemente a toda forma de opresión.

En conclusión, nuestras oraciones de adoración no son declaraciones pasivas sino expresiones dinámicas de fe que nos impulsan hacia acciones consecuentes contra la trata. Nos anclan en la verdad del amor de Dios, nos equipan con valor divino y nos unen en un propósito común de restaurar la libertad y la dignidad de los oprimidos. Que nuestra adoración refleje la profundidad de nuestra compasión, la amplitud de nuestro compromiso y la fuerza de nuestra determinación de poner fin a la trata de personas, ofreciendo un rayo de esperanza a quienes soportan sus cadenas.

Oraciones de contrición

Frente al horror de la trata de personas, es primordial que nosotros, como individuos y colectivamente como comunidad de fe, demos un paso adelante con humildad y contrición. Reconocer nuestros fracasos y las formas en que la sociedad ha permitido que tales atrocidades se agudicen es el primer paso hacia la curación y la redención. La trata de personas, en su vil desprecio por la santidad de la vida humana, presenta un crudo contrapunto al mensaje del Evangelio de amor, libertad y dignidad para todos.

La oración, particularmente las de contrición, no son meras expresiones de dolor; son compromisos para cambiar, actuar con justicia y vivir las enseñanzas de nuestra fe que respetan el valor inherente de cada persona. Al volvernos a Dios con un corazón contrito, reconocemos nuestra participación, ya sea directa o indirecta, en los pecados sociales que permiten que la esclavitud persista en sus formas modernas.

Se dice que un corazón humilde y contrito, Dios no lo despreciará (Salmo 51:17). En este espíritu, nuestras oraciones de contrición en nombre de las víctimas de la trata son más que una catarsis personal; son gritos por la intervención divina en un mundo estropeado por la explotación. Son una admisión de nuestra debilidad colectiva y una petición de fuerza para luchar contra este mal con todos los medios a nuestro alcance.

Nuestras oraciones se dirigen así al Señor, pidiendo perdón por cuando hemos hecho la vista gorda ante el sufrimiento de nuestros hermanos y hermanas atrapados en la trata. Por todas las veces que no hemos podido ver a Cristo en el más pequeño de Sus hijos, por los momentos en que elegimos la comodidad y la conveniencia en lugar de una acción valiente contra la injusticia, buscamos misericordia.

En estas oraciones, también buscamos sabiduría: reconocer la trata entre nosotros, la perspicacia para ver más allá de la superficie y la comprensión de que nuestras acciones o inacciones desempeñan un papel en la perpetuación de este flagelo. Estas oraciones son un rayo de luz en la oscuridad que la trata arroja sobre sus víctimas, una declaración de nuestro compromiso de ver, hablar y actuar.

Para combatir eficazmente la trata de personas, nuestras oraciones de contrición deben llevarnos a tomar medidas concretas. Como cuerpo de Cristo en la Tierra, estamos llamados a ser las manos y los pies de Jesús, trabajando activamente para liberar a los que están cautivos. Al orar, pidamos también el valor de salir de nuestra zona de confort, abogar por el cambio y apoyar a las organizaciones dedicadas a poner fin a la trata.

Como miembros de una comunidad católica romana global, nuestra interconexión requiere un compromiso universal para luchar contra esta injusticia. Nuestras oraciones nos vinculan con el sufrimiento de las víctimas de la trata en todo el mundo, recordándonos que ellas también son parte del cuerpo de Cristo. A través de nuestras oraciones y acciones colectivas, contribuimos a una ola de cambio contra las fuerzas del mal que trafican con seres humanos.

Por lo tanto, en nuestras parroquias y comunidades incorporemos oraciones de contrición no como prácticas ocasionales sino como elementos esenciales de nuestro culto y reflexión. Al hacerlo, cultivamos un corazón comunitario que está continuamente destrozado por las injusticias de nuestro mundo, pero que también tiene perpetua esperanza en el poder de Dios para lograr la redención y la curación.

Incrustado en el corazón de la enseñanza social católica está el llamado a defender la dignidad de cada ser humano. Nuestras oraciones de contrición por el pecado de la trata de personas reafirman esta creencia fundamental y nos comprometen nuevamente con la misión de la Iglesia de servir a los más pequeños entre nosotros. En estas oraciones encontramos la síntesis de la gracia divina y la responsabilidad humana, una fuerza potente para el cambio en nuestro mundo atribulado.

Además, que estas oraciones sean una fuente de consuelo para las víctimas de la trata. Que sientan la presencia de un Dios amoroso y compasivo a través de las acciones inspiradas por nuestra sentida contrición. Que sepan que no están olvidados, que en todo el mundo los católicos están orando por su liberación, recuperación y rehabilitación.

De hecho, las oraciones de contrición son sólo el comienzo. Despiertan nuestras conciencias, despiertan nuestra compasión y energizan nuestra determinación de actuar. Abordar la trata de personas requiere nuestra atención sostenida, recursos y compromiso con la justicia y la libertad como expresiones de nuestra fe.

Por lo tanto, acerquémonos al altar con el corazón apesadumbrado pero también con espíritu de resolución. Oramos por perdón, por la fuerza para enfrentar este mal y por la sabiduría para apoyar a los sobrevivientes en su viaje de curación. Y en nuestras oraciones, recordemos siempre el poder transformador del amor de Dios para lograr restauración y paz donde hay quebrantamiento y conflicto.

Que nuestras oraciones de contrición, entonces, no sean vistas como meras declaraciones sino como catalizadores de acción, que impulsen a la Iglesia y a sus fieles hacia un trabajo incansable para erradicar la trata de personas de la faz de la Tierra. Juntos, a través de la oración y la acción, podemos marcar la diferencia.

Entonces, mientras continuamos navegando por las complejidades de abordar la trata de personas, dejemos que nuestras oraciones de contrición nos guíen hacia un futuro donde todos los hijos de Dios vivan con dignidad, libres de las cadenas de la opresión. Que sea un futuro que ayudemos activamente a crear, impulsado por nuestra fe, esperanza y amor.

Oraciones de acción de gracias

En medio del angustioso viaje para erradicar la trata de personas, es esencial hacer una pausa y ofrecer oraciones de acción de gracias. Estas oraciones sirven como faros de luz, recordándonos la gracia divina que guía nuestras acciones y sostiene nuestro espíritu. Como defensores, funcionarios encargados de hacer cumplir la ley, políticos y miembros devotos de la fe católica romana, es nuestro deber reconocer y dar gracias por cada paso dado hacia la libertad y la dignidad de todos los hijos de Dios.

En primer lugar, damos gracias por la resiliencia de los supervivientes. Su fuerza ofrece un testimonio del espíritu indomable que nos ha otorgado el Creador. Cada historia de escape, recuperación y transformación es un milagro digno de contemplar y merece nuestra más profunda gratitud. Estas historias no sólo inspiran sino que también iluminan el camino de otras personas que todavía están atrapadas por las cadenas de la trata.

También expresamos nuestro profundo agradecimiento a la comunidad de defensores y organizaciones que luchan incansablemente contra la trata de personas. Desde plataformas nacionales como Polaris Project y Shared Hope International hasta iniciativas religiosas como Caridades Católicas y Hermanas de la Misericordia, sus esfuerzos colectivos significan la capacidad humana para la compasión y la justicia. Su dedicación garantiza que la difícil situación de las víctimas de trata salga a la luz y se aborde con la seriedad que exige.

Nuestro agradecimiento se extiende a las comunidades jurídicas y policiales que están a la vanguardia de esta batalla. La complejidad de procesar a los traficantes y desmantelar las redes requiere sabiduría, coraje y perseverancia. Estamos agradecidos por su compromiso con la defensa de la justicia y por cada caso que conduce a la condena de los traficantes y la liberación de las víctimas.

Nuestro agradecimiento también se lo debemos a los educadores y profesionales de la salud que desempeñan papeles fundamentales en la prevención y la recuperación. Su capacidad para reconocer signos de trata y brindar apoyo a los afectados es invaluable. A través de su dedicación, no sólo salvan vidas sino que también brindan a los sobrevivientes las herramientas para un nuevo comienzo.

En el ámbito político, damos gracias a los formuladores de políticas y defensores que se esfuerzan por fortalecer la legislación y aumentar la conciencia. Sus esfuerzos por crear entornos hostiles a la trata pero que apoyen a los supervivientes son cruciales para el cambio sistémico necesario para poner fin a este flagelo.

También estamos agradecidos por los avances tecnológicos y por quienes los aprovechan en la lucha contra la trata. Las innovaciones en vigilancia, identificación de víctimas y comunicación global son elementos fundamentales en este campo de batalla contemporáneo. Ofrecen esperanza de estrategias más efectivas para prevenir la trata y llevar a los perpetradores ante la justicia.

Nuestras oraciones de acción de gracias incluyen el reconocimiento de la colaboración internacional en la lucha contra la trata. Las asociaciones formadas a través de fronteras reflejan una postura unida frente a una cuestión que no conoce fronteras. Esta solidaridad global es una fuente de esperanza y fortaleza, que permite compartir estrategias y recursos para combatir la trata de manera más efectiva.

La participación de las comunidades religiosas en esta causa es otro motivo más de nuestra gratitud. La movilización de iglesias y grupos religiosos añade una profunda dimensión espiritual a la lucha contra la trata. Su compromiso con la curación, la defensa y la educación es una poderosa fuerza de cambio, impulsada por la convicción de la fe.

Damos gracias a los supervivientes que valientemente comparten sus historias, ofreciendo conocimiento y esperanza a los demás. Sus voces son fundamentales para educar al público, influir en las políticas y garantizar que las realidades de la trata no sean ignoradas ni olvidadas.

Por último, agradecemos a cada persona que, movida por la empatía y la justicia, contribuye a esta causa de una manera única. Ya sea a través del voluntariado, la educación, la donación o simplemente la oración, cada acción contribuye al esfuerzo colectivo para poner fin a la trata de personas.

A medida que avanzamos con nuestro trabajo, permitamos que estas oraciones de acción de gracias nos recuerden el progreso que hemos logrado y la bondad que existe en medio de la oscuridad. Es un recordatorio de que en nuestra lucha contra la trata de personas, nunca estamos solos: la divina providencia nos guía, los sobrevivientes nos inspiran y una comunidad de personas compasivas nos apoya.

Para terminar, ofrecemos nuestro profundo agradecimiento por la oportunidad de servir en esta capacidad, trabajando por un futuro donde la libertad y la dignidad sean derechos inexpugnables para todos. Que nuestros esfuerzos sean bendecidos y nuestra determinación fortalecida a medida que continuamos esta sagrada misión.

Oraciones de súplica

En el esfuerzo colectivo contra la trata de personas, es esencial anclar nuestras acciones en la reflexión espiritual y la oración. La tradición de la Iglesia Católica Romana ofrece una gran cantidad de recursos para relacionarse con lo divino, específicamente a través de oraciones de súplica. Estas oraciones son peticiones para la intercesión, guía y ayuda del Señor en la monumental tarea de erradicar la trata de entre nosotros.

Las oraciones de súplica en el contexto de la lucha contra la trata de personas no son meras recitaciones sino diálogos profundos con el Creador, buscando no sólo la intervención sino la fuerza para ser las manos y los pies de Cristo en el mundo. Imploran al Todopoderoso que despierte en cada corazón una compasión feroz y una resolución inquebrantable.

Una oración fundamental de súplica comienza con el reconocimiento de la imago Dei, la imagen de Dios, incrustada en cada ser humano. Este reconocimiento es vital, porque sienta las bases para comprender el grave pecado de la trata de personas. Al orar, pedimos el coraje y el discernimiento para ver esta imagen divina en todos, especialmente en los más vulnerables a la explotación.

Además, estas oraciones a menudo implican una súplica por la iluminación de aquellos atrapados en las operaciones de trata: los propios perpetradores. El llamado es a su conversión y transformación, para que se aparten de sus caminos y reconozcan el profundo daño que infligen. Este aspecto de la súplica abarca la posibilidad de redención y se alinea con las enseñanzas de la Iglesia sobre el perdón y el potencial de cambio.

Al dirigirse a las víctimas de la trata, las oraciones de súplica ponen al descubierto el grito más profundo del corazón por su liberación, sanación y restauración. Suplican al Señor que brinde consuelo, fortaleza y un camino hacia la recuperación para estas personas, envolviéndolas en una comunidad compasiva que refleja el amor y la misericordia de Cristo.

Además, estas oraciones a menudo se extienden a quienes participan en la batalla de primera línea contra la trata: agentes del orden, trabajadores sociales, educadores y numerosos voluntarios. Buscan protección divina, sabiduría y perseverancia para estos individuos mientras navegan por las complejidades y peligros inherentes a esta lucha.

Las oraciones de súplica también abordan los males sistémicos y estructurales que alimentan la trata de personas, como la pobreza, la desigualdad y la corrupción. Imploran al Señor que inspire el cambio social, guiando a políticos, legisladores y líderes en la creación de sistemas justos y compasivos que defiendan la dignidad de cada persona.

Una de esas oraciones podría incluir una petición ferviente de iluminación de las conciencias, que conduzca a un despertar mundial ante los horrores de la trata. Solicita un frente unido, compuesto por individuos, comunidades y naciones, para combatir eficazmente este flagelo.

Además, estas oraciones reconocen el papel de la Iglesia y sus miembros al abordar este tema. Piden la guía del Espíritu Santo para movilizar a la Iglesia para que sea un faro de esperanza, una fuente de consuelo y un catalizador para el cambio en el mundo.

El acto de ofrecer súplicas por el fin de la trata es también un humilde reconocimiento de nuestra confianza en la gracia de Dios. Admite las limitaciones del esfuerzo humano y busca el poder divino que puede provocar una transformación genuina.

Un aspecto crítico de estas oraciones es su naturaleza comunitaria. Si bien la oración individual es poderosa, reunirnos en oración magnifica nuestras peticiones, creando una súplica espiritual unificada que trasciende las fronteras. Esa súplica colectiva tiene el potencial de forjar una conciencia colectiva más fuerte y amplificar el llamado a la acción.

Por último, las oraciones de súplica por el cese de la trata son oraciones de esperanza. Afirman nuestra creencia en un Dios que escucha, que se preocupa y que actúa. Nos sostienen en nuestro trabajo y nos recuerdan que, aunque la noche sea oscura, la luz de la resurrección de Cristo promete la victoria sobre toda forma de esclavitud y opresión.

En conclusión, las oraciones de súplica son un arma indispensable en la lucha contra la trata de personas. Nos cimentan en nuestra fe, nos unen en nuestro propósito y nos capacitan para actuar con fuerza divina. Que estas oraciones sigan elevándose como incienso ante el Señor, guiándonos hacia adelante en la misión de liberar a los cautivos.

Referencias:

Capítulo 23: Tomar medidas: una guía práctica

En las cadencias anteriores de nuestro discurso, hemos atravesado los sombríos territorios del panorama de la trata de personas dentro de Estados Unidos, examinando sus formas insidiosas, sus respuestas legislativas y el clamor colectivo por justicia que resuena dentro de los corazones del devoto, el educador, el ejecutor. de la ley y más allá. Ahora, a medida que entramos en el ámbito del compromiso proactivo, nos corresponde llevar la antorcha de la acción con fervor pragmático. El llamado a la acción no es simplemente un susurro en los pasillos del poder o dentro de los santuarios de la fe, sino un llamado de atención que exige una respuesta estratégica y unificada de todos los sectores de la sociedad. Participar en esta batalla contra el flagelo de la trata requiere no sólo comprensión y empatía, sino también una reserva bien surtida de estrategias orientadas a la acción. Se hace un llamado a las personas para que trasciendan la preocupación pasiva, movilizando recursos, conocimientos y redes para forjar vías de intervención, iluminar a las comunidades y salvaguardar a los vulnerables. Organizar la acción comunitaria no es una tarea insuperable, sino más bien una estrategia meticulosamente estratificada que exige la síntesis de movimientos de base, iniciativas religiosas y alianzas intersectoriales que aprovechen las fortalezas y los conocimientos colectivos para desmantelar las redes de trata y restaurar la dignidad de los sobrevivientes (Smith y Juan, 2022).

Tales esfuerzos están respaldados por un profundo compromiso con la santidad de la dignidad humana, que se hace eco de los principios fundamentales de nuestras sociedades y creencias de que cada alma tiene un valor inconmensurable y merece ser liberada de las cadenas de la explotación.

Cómo los individuos pueden marcar la diferencia

Frente a la profunda oscuridad que representa la trata de personas, no se puede subestimar el papel del individuo en la lucha contra este flagelo. Cada persona, independientemente de su estado en la vida (ya sea un católico romano devoto, un profesor universitario, un miembro de las fuerzas del orden, un político, un abogado o un defensor de la vida), tiene a su alcance el potencial de lograr un cambio significativo. Este poder para lograr transformación no surge de la grandiosidad de las acciones tomadas, sino de la convicción moral y ética detrás de ellas.

Comprender la gravedad de la trata de personas es la base sobre la cual las personas pueden construir sus respuestas. Es un crimen que deshumaniza a sus víctimas, tratándolas como mercancías y no como los seres dignos que son. Tal entendimiento debería provocar una indignación moral, una resolución inquebrantable de actuar. Esta determinación está respaldada por las enseñanzas de la Iglesia, que defienden la dignidad inherente de todo ser humano y llaman a los fieles a proteger a los vulnerables.

Uno de los primeros pasos que puede tomar una persona es educarse a sí mismo y a otros sobre las realidades de la trata de personas. El conocimiento es una potente herramienta en la lucha contra la trata. Al conocer los signos y síntomas de las víctimas de la trata, las personas se empoderan a sí mismas y a sus comunidades para identificar casos potenciales y responder adecuadamente. Los recursos para dicha educación son abundantes, incluidos materiales proporcionados por organizaciones como Polaris Project y Shared Hope International.

No se debe subestimar la oración como fuente de fortaleza e intervención. Para los fieles, la oración es a la vez escudo y espada. Fortalece el espíritu y pide ayuda divina para la liberación de los cautivos. Participar en oraciones católicas específicamente contra la trata puede unir a las comunidades en una batalla espiritual contra este mal.

Legislativamente, las personas tienen una voz que puede (y debe) utilizarse para abogar por protecciones más sólidas contra la trata de personas y un mejor apoyo a sus víctimas. Ya sea a través del diálogo directo, escribiendo a los representantes o participando en campañas de promoción, existen multitud de formas de efectuar cambios legislativos. Los políticos y abogados, en particular, pueden aprovechar sus plataformas profesionales para promover leyes que aborden las causas profundas de la trata y mejoren la eficacia del sistema de justicia a la hora de procesar a los traficantes.

El voluntariado ofrece un enfoque práctico para marcar la diferencia. Numerosas organizaciones, incluidos grupos religiosos como Caridades Católicas y Hermanas de la Misericordia, operan iniciativas destinadas a prevenir la trata y ayudar a las víctimas. Al ofrecer tiempo, habilidades o recursos como voluntarios, las personas pueden contribuir directamente a los esfuerzos en curso para combatir la trata.

Los profesionales de diversos campos pueden incorporar medidas contra la trata en su trabajo. Los educadores pueden integrar la concientización en sus planes de estudio, los proveedores de atención médica pueden recibir capacitación para reconocer y responder a las señales de trata, y los líderes empresariales pueden garantizar que sus cadenas de suministro estén libres de mano de obra objeto de trata. Cada profesión ofrece oportunidades únicas para luchar contra la trata.

La participación de la comunidad es crucial. Organizar o participar en eventos de concientización, talleres y sesiones de capacitación puede transformar la percepción pública y crear una población más informada y equipada para combatir la trata. Las comunidades unidas en esta causa se convierten en oponentes formidables contra los traficantes.

Apoyar a los supervivientes es otra vía vital para la acción individual. Ofrecer tiempo, apoyo o donaciones a refugios y programas de recuperación puede marcar una diferencia significativa en las vidas de quienes han escapado de las garras de la trata. Se trata de restaurar la dignidad y la esperanza a quienes han sido despojadas de ambas.

La tecnología ofrece formas innovadoras de luchar contra la trata. Las personas con experiencia en el ámbito digital pueden participar o desarrollar plataformas para monitorear las actividades de trata en línea y apoyar a las víctimas. Mientras tanto, abogar por el uso ético de la tecnología para rastrear y procesar a los traficantes representa otra capa de compromiso.

En una época en la que las plataformas de redes sociales son omnipresentes, aprovechar estas herramientas para la promoción genera conciencia y moviliza acciones. Compartir información precisa, historias de esperanza y formas de participar en la lucha contra la trata puede transformar a los observadores pasivos en participantes activos en esta lucha moral.

Las contribuciones financieras, aunque aparentemente simples, pueden ayudar significativamente a las organizaciones en primera línea. Estas donaciones financian programas de recuperación de víctimas, campañas educativas, defensa legal y mucho más. Incluso pequeñas cantidades, cuando se combinan, pueden financiar iniciativas sustanciales destinadas a poner fin a la trata.

Fomentar un espíritu de respeto y dignidad dentro de los círculos personales y profesionales contribuye a una cultura que es inherentemente antitética a la trata. Abogar por la justicia, la igualdad y la santidad de la vida humana desafía las ideologías que sustentan la industria de la trata.

Finalmente, abrazar la esperanza es esencial. La lucha contra la trata es formidable, pero no insuperable. La creencia en la posibilidad de un cambio alimenta la perseverancia necesaria para continuar con este trabajo crítico. Los individuos, cada uno en sus capacidades únicas, son los portadores de esta esperanza que, cuando se comparte, se convierte en una fuerza imparable para el bien.

Por lo tanto, mientras recorremos nuestra vida diaria, reflexionemos todos sobre el papel que podemos desempeñar en el desmantelamiento de las cadenas de la trata de personas. Es un esfuerzo que exige nuestro intelecto, nuestra pasión, nuestra fe y nuestra convicción inquebrantable de que la libertad y la dignidad no son meros ideales, sino derechos inalienables que deben protegerse para todos.

Organizando la acción comunitaria

En nuestro esfuerzo colectivo por desmantelar la nefasta red de trata de personas que asola nuestra sociedad, abrazar el poder de la acción comunitaria es un pilar fundamental. Es dentro del crisol de esfuerzos locales unificados donde surgen las estrategias más efectivas contra la trata. Esta lucha requiere un esfuerzo concertado que abarque varias esferas de la sociedad: grupos religiosos, instituciones educativas, fuerzas del orden y entidades políticas, todos armonizados hacia un objetivo común.

El primer paso para organizar la acción comunitaria implica educar a nuestras comunidades sobre las crudas realidades de la trata de personas. La conciencia es la base sobre la que se construyen todos los demás esfuerzos. No basta con saber simplemente que existe la trata; las comunidades deben comprender sus señales, sus impactos en las vidas humanas y las formas sutiles en que se infiltra en nuestras ciudades y vecindarios.

Es fundamental reunir a los líderes comunitarios para debates y sesiones de capacitación. Los líderes de iglesias, escuelas y organizaciones cívicas poseen la influencia necesaria para impulsar el cambio y movilizar recursos. Estas asambleas deben tener como objetivo forjar una comprensión unificada de la trata de personas y desarrollar un plan de acción comunitario que aproveche las fortalezas únicas de cada sector.

Las asociaciones con las fuerzas del orden son indispensables. Los departamentos de policía y las agencias federales tienen la responsabilidad de primera línea de interceptar las operaciones de tráfico. Sin embargo, su éxito se ve significativamente mejorado por el apoyo de la comunidad, mediante la denuncia de actividades sospechosas y la oferta de programas de asistencia a las víctimas. Las sesiones de capacitación impartidas por profesionales encargados de hacer cumplir la ley pueden dotar a los miembros de la comunidad del conocimiento necesario para actuar como multiplicadores de fuerza en esta batalla.

Las organizaciones religiosas tienen un profundo potencial de impacto. Basados en convicciones morales y redes organizadas, estos grupos pueden ofrecer apoyo tanto espiritual como práctico a las víctimas de la trata. Las iniciativas pueden incluir provisión de refugio, asesoramiento y programas de capacitación laboral. Además, los sermones y las reuniones religiosas pueden servir como plataformas para crear conciencia y llamar a los fieles a la acción.

Las instituciones educativas desempeñan un papel fundamental, no sólo a la hora de educar a los estudiantes sobre la trata sino también a la hora de implementar medidas preventivas. Las escuelas y universidades pueden integrar debates sobre la trata de personas en sus planes de estudio, fomentando una generación informada y apasionada por erradicar este delito.

La promoción política es otra área crítica de la acción comunitaria. Las comunidades locales pueden influir en las políticas interactuando con sus representantes, abogando por leyes que mejoren el apoyo a las víctimas de la trata y penalicen a los traficantes. Organizar reuniones públicas e invitar a legisladores a participar en foros comunitarios puede cerrar la brecha entre la política y la práctica.

Las iniciativas de voluntariado aumentan enormemente los esfuerzos contra la trata de personas. La organización de eventos de recaudación de fondos, campañas de donación para las víctimas y campañas de concientización comunitaria son formas tangibles en que las personas pueden contribuir. Los voluntarios también son esenciales para apoyar el trabajo de los refugios y los proveedores de servicios a las víctimas.

La comunicación juega un papel vital en la organización de la acción comunitaria. Establecer una plataforma centralizada, ya sea un sitio web o un grupo de redes sociales, donde los miembros puedan compartir información, coordinar actividades y movilizarse rápidamente es crucial para una acción eficaz.

Además de los esfuerzos locales, conectarse con organizaciones nacionales e internacionales que luchan contra la trata de personas puede proporcionar recursos, experiencia y apoyo valiosos. Estas asociaciones pueden mejorar las acciones locales con estrategias probadas y ampliar el alcance del impacto a través de esfuerzos unificados.

La acción comunitaria contra la trata de personas también implica la creación de espacios seguros para que las víctimas busquen ayuda. Son esenciales iniciativas como líneas de ayuda, casas seguras y centros comunitarios donde las víctimas puedan acceder a los servicios sin miedo. Se trata de crear un entorno de apoyo que anime a las víctimas a presentarse.

Además, la acción comunitaria se nutre del principio de inclusión. Se deben hacer esfuerzos para involucrar a diversos grupos dentro de la comunidad, incluidas las poblaciones minoritarias e inmigrantes, que a menudo se ven desproporcionadamente afectadas por la trata. Sus conocimientos y experiencias son invaluables para diseñar estrategias de mitigación efectivas.

Reconocer y celebrar las victorias de la comunidad, por pequeñas que sean, fomenta una cultura de resiliencia y persistencia. Es esencial reconocer el progreso logrado a través de los esfuerzos comunitarios, ya que esto refuerza el compromiso con la causa e inspira la participación continua.

Por último, la lucha contra la trata de personas exige perseverancia. Los reveses son inevitables, pero la determinación de una comunidad unida puede superar los desafíos. Es a través de esfuerzos sostenidos, impulsados por la compasión y la justicia, que podemos esperar erradicar el flagelo de la trata de personas entre nosotros.

Capítulo 24: Direcciones futuras en la lucha contra la trata

La incesante batalla contra la trata de personas está entrando en una era transformadora, respaldada por avances monumentales en las metodologías de aplicación de la ley, iniciativas de investigación fundamentales y marcos educativos destinados a erradicar este flagelo. Los conocimientos adquiridos en iniciativas pasadas sirven como guía para impulsar estrategias con visión de futuro. En el ámbito de la aplicación de la ley, la innovación desempeña un papel fundamental, ya que las tecnologías avanzadas y el análisis de datos ofrecen nuevas vías para detectar, desmantelar y desmantelar las redes de tráfico (Smith et al., 2020). La integración de inteligencia artificial para análisis predictivo y blockchain para transacciones seguras y transparentes tiene un inmenso potencial para superar las tácticas de los traficantes en rápida evolución.

La educación y la investigación son pilares en la búsqueda para erradicar la trata de personas entre nosotros. La ampliación de los programas de concientización, fundamentalmente arraigados en las enseñanzas éticas y la compasión de las tradiciones religiosas, tiene como objetivo forjar una sociedad resiliente contra los señuelos de la explotación. Además, la búsqueda académica por comprender la profundidad del impacto de la trata en la dignidad humana y las estructuras sociales impulsa un enfoque multidisciplinario, basado en la psicología, la sociología y la teología (Johnson & Johnson, 2021). Esta perspectiva holística no sólo enriquece nuestra comprensión sino que también agudiza las herramientas empleadas por educadores, formuladores de políticas y activistas en las medidas preventivas. Las investigaciones emergentes subrayan la necesidad de integrar el currículo en todos los niveles de la educación, incorporando valores fundamentales de respeto, empatía y justicia en el tejido de nuestras instituciones de aprendizaje.

El camino a seguir requiere un esfuerzo concertado que aproveche la fuerza colectiva de las comunidades, los grupos religiosos y las naciones. Es un llamado a las armas, que insta a todos los miembros de la sociedad a participar en esta noble búsqueda, basada en las convicciones morales que afirman la santidad de cada vida humana. A medida que navegamos por los desafíos y oportunidades de esta era, la sinergia de técnicas innovadoras de aplicación de la ley, un amplio alcance educativo y una investigación académica rigurosa iluminarán el camino hacia la liberación de todos aquellos atrapados por las garras de la trata (Miller et al., 2022). El futuro de esta lucha no se forja con los esfuerzos de unos pocos sino con el compromiso inquebrantable de muchos, unidos en la búsqueda de la libertad y la justicia.

Innovaciones en la aplicación de la ley

El creciente desafío de la trata de personas exige una respuesta sólida e innovadora por parte de los organismos encargados de hacer cumplir la ley. A medida que profundizamos en el ámbito de las direcciones futuras en la lucha contra este grave problema, queda claro que los avances en tecnología, junto con nuevas metodologías estratégicas, redefinirán los esfuerzos en la lucha contra la trata. El imperativo aquí no es únicamente arrestar y procesar a los traficantes, sino que se extiende a un enfoque integral que incluya la identificación de las víctimas, el apoyo, la recuperación y la prevención de futuros delitos.

A la vanguardia de este cambio innovador está la integración de la inteligencia artificial (IA) en las operaciones policiales. La capacidad de la IA para examinar rápidamente grandes cantidades de datos permite identificar redes de tráfico y víctimas potenciales con una precisión sin precedentes. Además, ayuda a descubrir patrones y comportamientos predictivos relacionados con las actividades de trata, facilitando así un enfoque proactivo en lugar de reactivo para la aplicación de la ley.

Otra innovación fundamental es el desarrollo de herramientas forenses digitales diseñadas específicamente para rastrear y combatir el tráfico en línea. Dado que Internet se ha convertido en una plataforma principal para los traficantes, estas herramientas son indispensables para monitorear foros, sitios de clasificados y canales de redes sociales donde a menudo se recluta y publicita a las víctimas. La capacidad de romper el cifrado y analizar las huellas digitales representa un importante avance en la identificación y desmantelamiento de las redes de tráfico que operan en las sombras digitales.

La colaboración y el intercambio de información entre jurisdicciones también han experimentado una marcada mejora, impulsada por nuevas plataformas que permiten el intercambio de datos en tiempo real entre los organismos encargados de hacer cumplir la ley. Esta cooperación interinstitucional se extiende a nivel internacional, reconociendo la naturaleza global de las redes de trata. A través de bases de datos compartidas y canales de comunicación, las agencias pueden rastrear movimientos, identificar patrones y coordinar esfuerzos de manera más eficiente que nunca.

El énfasis en enfoques centrados en las víctimas dentro de las operaciones de aplicación de la ley marca un cambio fundamental en la estrategia contra la trata. Los programas de capacitación para agentes ahora dan prioridad a la identificación de signos de trata entre poblaciones vulnerables y garantizan que las intervenciones den prioridad a la seguridad y el bienestar de la víctima. Este enfoque no sólo es humano sino que también mejora las investigaciones al generar confianza en las víctimas, fomentando así la cooperación que es vital para procesar a los traficantes.

Además, la sofisticación de las tecnologías de vigilancia ha avanzado significativamente, y se utilizan drones e imágenes satelitales para monitorear los puntos críticos de tráfico y las zonas fronterizas. Estas tecnologías ofrecen a las fuerzas del orden la capacidad de supervisar vastas áreas, rastreando actividades e intervenciones sospechosas en tiempo real, evitando así el transporte de víctimas a través de fronteras.

La policía comunitaria también ha surgido como un componente fundamental de las innovaciones en la aplicación de la ley contra la trata. Al construir relaciones sólidas dentro de las comunidades, las fuerzas del orden pueden aprovechar una valiosa red de informantes que pueden brindar consejos e información cruciales. Los miembros de la comunidad suelen ser los primeros en notar actividades o patrones inusuales que pueden indicar operaciones de trata, lo que hace que su participación sea fundamental para los esfuerzos de aplicación de la ley.

Las innovaciones jurídicas no se han quedado atrás. Los tribunales se adaptan cada vez más a las necesidades específicas de las víctimas de la trata y comprenden el trauma y el miedo asociados con testificar contra los traficantes. Se implementan disposiciones especiales, incluido el uso de testimonios en video y programas de protección de testigos, para salvaguardar el bienestar de las víctimas y al mismo tiempo garantizar que se haga justicia.

El papel de la psicología forense en la comprensión de la psique tanto de las víctimas como de los traficantes se ha convertido en una herramienta para desarrollar estrategias de intervención personalizadas. Al profundizar en los aspectos psicológicos, las fuerzas del orden pueden prepararse mejor para las complejidades que implica rescatar a las víctimas y rehabilitarlas de manera efectiva.

En el frente legislativo, se ha impulsado la adopción de leyes que permitan a las fuerzas del orden actuar rápidamente contra las actividades de trata y al mismo tiempo proteger los derechos de las víctimas. Por ejemplo, las leyes que tratan a los menores involucrados en actos sexuales comerciales como víctimas en lugar de criminales han cambiado fundamentalmente el enfoque de las fuerzas del orden en tales casos, centrándose en la recuperación y la rehabilitación.

Una de las innovaciones más prometedoras es la asociación intersectorial entre las fuerzas del orden, la industria tecnológica y las organizaciones sin fines de lucro. Estas asociaciones han llevado al desarrollo de soluciones de vanguardia, incluidas aplicaciones móviles para denunciar incidentes de trata y plataformas en línea para educar al público sobre cómo reconocer y responder a situaciones de trata.

La integración de la realidad virtual (VR) en los programas de formación para agentes del orden es otra innovación destinada a mejorar la lucha contra la trata. A través de simulaciones de realidad virtual, los agentes pueden experimentar escenarios desde la perspectiva tanto de la víctima como del traficante, proporcionándoles conocimientos que son difíciles de lograr mediante los métodos de capacitación tradicionales.

A pesar de estos avances, la lucha contra la trata de personas enfrenta desafíos continuos, como la necesidad de financiación sostenible para los desarrollos tecnológicos y la cooperación internacional. Sin embargo, la continua evolución de las estrategias y la creciente globalización de los esfuerzos de aplicación de la ley ofrecen esperanza para un futuro en el que la trata de personas disminuya significativamente, si no se erradique por completo.

En conclusión, el panorama de la aplicación de la ley en la batalla contra la trata de personas está experimentando una profunda transformación, impulsada por la innovación, la tecnología y un compromiso renovado para salvaguardar la dignidad humana. A medida que estas nuevas herramientas y enfoques se perfeccionen y amplíen, prometen tener un impacto significativo en el desmantelamiento de las redes de trata y la restauración de la libertad de innumerables víctimas.

Referencias:

Investigación y educación emergentes

En la lucha en constante evolución contra la trata de personas, no se puede subestimar el papel de la investigación y la educación. A medida que profundizamos en este lado oscuro de la sociedad, los estudios emergentes están arrojando luz sobre métodos más efectivos para contrarrestar esta grave injusticia. La educación, por otra parte, sirve como un faro de esperanza, iluminando los caminos a través de los cuales las personas y las comunidades pueden contribuir a la erradicación de este flagelo.

Investigaciones recientes han comenzado a desentrañar los complejos factores socioeconómicos que alimentan la industria del tráfico. Los estudios sugieren que abordar la pobreza, la falta de educación y la desigualdad de género podría reducir significativamente la vulnerabilidad de las víctimas potenciales (Smith et al., 2021). Además, la implementación de programas educativos específicos puede empoderar a las poblaciones en riesgo, dotándolas de los conocimientos y habilidades necesarios para protegerse a sí mismas y a sus pares.

La educación, cuando se utiliza sabiamente, también puede desempeñar un papel crucial en la configuración de la opinión pública y las políticas. Al integrar la educación sobre la trata de personas en los planes de estudios escolares, se puede educar a las mentes jóvenes para que comprendan la importancia de la dignidad humana y los derechos que la protegen. Esta generación de ciudadanos informados puede convertirse en la vanguardia en la batalla contra la trata, abogando por leyes y políticas más sólidas.

Los organismos encargados de hacer cumplir la ley también se beneficiarán de la formación y la educación especializadas. La naturaleza intrincada de las redes de trata a menudo exige técnicas de investigación matizadas. Como tal, es fundamental realizar investigaciones continuas sobre las operaciones de estas redes. Los conocimientos adquiridos pueden luego transformarse en módulos de educación y capacitación para la policía y otro personal encargado de hacer cumplir la ley, mejorando su capacidad para detectar y desmantelar operaciones de trata de manera eficiente (Johnson & Johnson, 2022).

Los avances tecnológicos ofrecen otra vía prometedora para la investigación. Se están explorando el potencial del análisis de datos, la inteligencia artificial y la tecnología blockchain para rastrear y prevenir las actividades de tráfico. La educación de los profesionales de la tecnología en las dimensiones éticas de su trabajo puede garantizar que las innovaciones tecnológicas sirvan como herramientas para el bien, salvaguardando los derechos humanos.

En el frente internacional, no se puede subestimar la importancia de la investigación y la educación transculturales. La trata de personas es un fenómeno global y los esfuerzos para combatirla deben trascender las fronteras. Los proyectos de investigación colaborativos pueden descubrir patrones únicos de tráfico en diferentes regiones, lo que conduciría a una comprensión más matizada del problema. De manera similar, las iniciativas educativas internacionales pueden fomentar un sentido de ciudadanía y solidaridad global, reuniendo a diversas comunidades en torno a la causa común de poner fin a la trata.

Las organizaciones religiosas y confesionales, con sus amplias redes y su autoridad moral, están en una posición única para promover tanto la investigación como la educación sobre la trata. Estas instituciones pueden patrocinar iniciativas de investigación, difundir los resultados a través de sus canales e incorporarlos a programas educativos. Al enmarcar la lucha contra la trata dentro de un contexto moral y ético, pueden movilizar una amplia base de creyentes y defensores.

Las propias instituciones educativas deben seguir evolucionando, incorporando los últimos resultados de las investigaciones en sus materiales didácticos. Las universidades pueden desempeñar un papel fundamental organizando conferencias, publicando artículos académicos y fomentando una comunidad académica dedicada a estudiar y resolver el problema de la trata.

La educación comunitaria es igualmente crítica. Las campañas y talleres de concientización pueden informar al público sobre los signos de la trata y las medidas que pueden tomar para apoyar a las víctimas. Estas intervenciones a nivel comunitario son vitales para construir una ciudadanía socialmente consciente y proactiva.

También es imperativo incluir a los sobrevivientes en los esfuerzos educativos y de investigación. Sus experiencias de primera mano pueden proporcionar conocimientos invaluables sobre los mecanismos de la trata y las necesidades de las víctimas. Los programas de capacitación dirigidos a sobrevivientes, por ejemplo, pueden ofrecer perspectivas únicas y fomentar la empatía y la comprensión de una manera que el conocimiento teórico no puede lograr.

No se debe subestimar el papel de los medios de comunicación en la investigación y la educación. El periodismo ético puede ayudar a crear conciencia, difundir los resultados de las investigaciones y educar al público sobre la trata de personas. Sin embargo, los profesionales de los medios deben estar capacitados para informar sobre la trata con sensibilidad, evitando el sensacionalismo y respetando la dignidad de los sobrevivientes.

La investigación y la educación, cuando se combinan, crean una poderosa sinergia que puede impulsar la lucha contra la trata de personas. Sin embargo, esto requiere una inversión sostenida y la colaboración de todos los sectores de la sociedad. Los gobiernos, las instituciones educativas, las ONG, los grupos religiosos y el sector privado deben desempeñar su papel. Sólo mediante un esfuerzo conjunto se podrá cambiar la tendencia contra la trata.

En conclusión, a medida que avanzamos, dejémonos guiar por los principios de justicia, compasión y colaboración. Los caminos trazados por la investigación y la educación son esclarecedores y nos conducen hacia un futuro en el que la libertad y la dignidad estén garantizadas para todos. Como miembros de una comunidad global, es nuestra responsabilidad colectiva garantizar que esta visión se convierta en realidad.

El papel de los jóvenes líderes y activistas

La urgencia de combatir la trata de personas requiere la movilización de todos los sectores de la sociedad, y los jóvenes líderes y activistas desempeñan un papel fundamental en esta lucha multifacética. En el contexto contemporáneo, donde los jóvenes están cada vez más interconectados a través de plataformas digitales, su potencial para influir en el cambio es inmenso. Organizaciones y movimientos de todo el mundo han sido testigos de un aumento en la participación de los jóvenes, aprovechando sus nuevas perspectivas, innovación y energía incansable. Los líderes jóvenes, dotados de un profundo sentido de justicia social y acceso a redes globales, tienen la capacidad única de encabezar campañas de concientización, fomentar la promoción e iniciar movilizaciones de base que desafíen el status quo y promuevan el cambio sistémico (Smith et al., 2019)..

Además, la participación de jóvenes activistas en la lucha contra la trata de personas no sólo suma voces al coro que exige justicia, sino que remodela la narrativa en torno al apoyo y la rehabilitación de las víctimas. Al abogar por programas de educación y empoderamiento dirigidos a comunidades vulnerables, estos jóvenes líderes están sentando las bases para una estrategia sostenible para prevenir la trata de personas. Encarnan el principio de que la prevención es tan fundamental como la intervención y la recuperación, contribuyendo así a un enfoque holístico para abordar esta cuestión. No se puede subestimar su participación activa en la configuración de los debates sobre políticas y la influencia en las medidas legislativas, como lo demuestra el creciente número de consultas y foros dirigidos por jóvenes con los responsables de la formulación de políticas (Johnson, 2021).

Está claro que la pasión y el impulso de los jóvenes líderes y activistas pueden inyectar un nuevo vigor a la batalla en curso contra la trata de personas. A través de sus enfoques innovadores de promoción, educación y movilización, no sólo están remodelando la trayectoria de esta lucha sino que también están sentando un precedente para las generaciones futuras. Ha llegado el momento de que las partes interesadas de todos los sectores apoyen y amplifiquen los esfuerzos de estos jóvenes visionarios, proporcionándoles las plataformas y los recursos necesarios para hacer realidad su visión de un mundo libre de la trata de personas. Su papel no es solo complementario sino central para la búsqueda colectiva de dignidad, libertad y justicia para todos (Williams, 2020).

Un evangelio de libertad

En los capítulos anteriores, hemos navegado por el desgarrador panorama de la trata de personas dentro de Estados Unidos, iluminados por el rayo de esperanza que es la determinación colectiva de erradicar este crimen atroz. Hemos explorado su naturaleza multifacética, los esfuerzos incansables de innumerables personas y organizaciones, y los papeles cruciales desempeñados por diversos sectores de la sociedad. Al concluir esta exploración, reflexionemos sobre el imperativo de un evangelio de libertad: un llamado a la acción que resuena con la urgencia del ahora, subrayado por el marco moral, legal y ético dentro del cual operamos.

La trata de personas, en su vil asalto a la libertad y la dignidad, presenta un profundo ultraje moral que exige una respuesta contundente de todos los rincones de la sociedad. No es simplemente una cuestión de aplicación de la ley o de formuladores de políticas, sino una plaga para la humanidad que exige una condena y acción universales. Cada capítulo expuso la evidencia, las estrategias y las historias desgarradoras de aquellos atrapados en la red de la trata, apuntando hacia una conclusión singular: nuestra responsabilidad compartida de actuar.

El llamado a la acción está profundamente arraigado en la esencia misma de nuestro ser y se hace eco de los sentimientos de las tradiciones teológicas y filosóficas que afirman el valor y la dignidad inherentes de cada individuo. Este evangelio de libertad nos convoca a vivir los principios de justicia, misericordia y compasión de manera tangible. Nos desafía a mirar más allá de nosotros mismos y de nuestros círculos inmediatos, para ver el rostro de nuestro prójimo en los más vulnerables y marginados entre nosotros.

Los organismos encargados de hacer cumplir la ley, encargados del monumental desafío de identificar y procesar a los traficantes, necesitan nuestro apoyo y cooperación inquebrantables. Su labor, por crítica que sea, no puede realizarse aisladamente. Se requiere la vigilancia y el compromiso de todos los ciudadanos para crear un entorno en el que la trata no pueda prosperar. Debemos equiparnos con los conocimientos necesarios para identificar los signos de trata y reunir el coraje para denunciar nuestras sospechas a las autoridades.

Los políticos y legisladores, guiados por los principios de la justicia y el bien común, tienen el privilegio y el deber de elaborar y promulgar legislación que no sólo castigue a los traficantes sino que también brinde protección y apoyo a las víctimas. Su papel en la configuración de una sociedad que se niega a hacer la vista gorda ante la explotación es indispensable. Sin embargo, sus esfuerzos deben encontrarse con una población ansiosa por respaldar y defender tales leyes, reconociendo que en la lucha contra la trata, la apatía sólo sirve a los intereses de los opresores.

Los educadores y profesores tienen una oportunidad única de sembrar semillas de conciencia y empatía en las mentes de los jóvenes. Al integrar debates sobre la trata de personas en sus planes de estudio, pueden cultivar una generación informada y compasiva, dispuesta a contribuir con sus energías y talentos a la causa de la libertad.

La comunidad jurídica, armada con experiencia y un compromiso inquebrantable con la justicia, desempeña un papel fundamental tanto en el procesamiento de los traficantes como en la defensa de los derechos de las víctimas. Su dedicación para garantizar que la balanza de la justicia favorezca a los oprimidos es un componente crucial de nuestra estrategia colectiva contra la trata.

A lo largo de este viaje, la importancia de la participación comunitaria y el voluntariado ha sido un tema recurrente. No se puede subestimar el poder de los movimientos de base para lograr cambios. Al prestar nuestro tiempo, recursos y voces a iniciativas contra la trata, contribuimos a una creciente marea de conciencia y acción que puede acabar con el flagelo de la explotación.

La participación de las comunidades religiosas aporta una dimensión única y profunda a la lucha contra la trata. Su compromiso de salvaguardar la santidad de la vida humana y promover la justicia social se manifiesta en su incansable defensa y divulgación. En el espíritu de este evangelio de libertad, todos estamos llamados a tejer los hilos de la fe y la acción en un tapiz de liberación para aquellos atrapados por la trata.

Mientras reflexionamos sobre el camino que tenemos por delante, abracemos el concepto de libertad no como un ideal lejano, sino como una realidad viva que respira y que tenemos el poder de manifestar. Nuestras estrategias y acciones, basadas en la sabiduría de los esfuerzos pasados y la innovación de la investigación actual, allanan el camino para un futuro en el que la trata quede relegada a los anales de la historia.

El evangelio de la libertad no es simplemente un llamado a la acción sino una invitación a ser parte de algo más grande que nosotros mismos. Es un llamado a solidarizarnos con los oprimidos, a prestar nuestra fuerza a los cansados y a ofrecer esperanza a los desesperados. En este esfuerzo sagrado, todos estamos unidos por el hilo común de nuestra humanidad, un vínculo que nos obliga a luchar por un mundo donde cada persona sea libre de vivir una vida marcada por la dignidad y el respeto.

A medida que avanzamos, permitamos que nuestras acciones reflejen la profundidad de nuestro compromiso con esta causa. Que seamos implacables en nuestra búsqueda de la justicia, incansables en nuestra defensa e inquebrantables en nuestra compasión. Porque en nuestro esfuerzo colectivo por erradicar la trata de personas, afirmamos el valor de cada vida humana y anunciamos el amanecer de una nueva era de libertad.

En este evangelio de libertad, encontremos nuestra vocación y nuestra esperanza. Que nos inspire a la acción, a la promoción y al compromiso inquebrantable. Que nos guíe a medida que avanzamos, unidos en nuestra determinación de poner fin a la trata de personas. Porque en la liberación de los demás encontramos nuestra propia libertad magnificada, un testimonio del poder de la acción colectiva y del espíritu perdurable de la humanidad.

Entonces, dejemos que este evangelio de la libertad sea nuestra luz guía mientras nos esforzamos por construir un mundo donde cada individuo pueda prosperar, libre de las ataduras de la explotación. Nuestro viaje hasta ahora ha revelado las profundidades de la depravación humana, pero más importante aún, ha iluminado las alturas del coraje, la resiliencia y la compasión humanas. Con este espíritu, avancemos, envalentonados por el conocimiento de que juntos podemos anunciar una nueva era de libertad y justicia para todos.

Apéndice A: Apéndice

En el camino hacia la mitigación y, en última instancia, la erradicación de la trata de personas, el conocimiento es a la vez un arma y un escudo. Este apéndice sirve como un faro que guía a personas y comunidades hacia recursos que aclaran aún más las complejidades de la trata y ofrecen vías de acción. El esfuerzo por poner fin a la trata de personas es múltiple y requiere esfuerzos colaborativos de personas de diversas esferas de la sociedad. Como tal, los recursos presentados en este documento están seleccionados para atender a una audiencia diversa, incluidos católicos romanos devotos, profesores universitarios, agentes del orden, políticos, abogados, defensores de la vida y todos aquellos que defienden la causa de la libertad y la dignidad de cada ser humano.

La trata de personas, un flagelo que afecta a la humanidad, necesita un público informado y educado. La transgresión de la libertad mediante la trata no es simplemente una violación de las leyes; es fundamentalmente una violación del orden divino, una afrenta a la dignidad inherente otorgada por el Creador a cada individuo. Teniendo esto en cuenta, los recursos recopilados en este apéndice se seleccionan para profundizar la comprensión del lector tanto de la gravedad como de las sutilezas de la trata de personas. Es imperativo que esta comprensión se base en investigaciones académicas sólidas, reflexiones teológicas compasivas y marcos legales eficaces, todos ellos dirigidos a la liberación integral de aquellos atrapados por la trata.

Para aquellos que deseen explorar la dimensión académica, trabajos fundamentales y estudios recientes brindan información sobre las metodologías que emplean los traficantes, los impactos psicológicos y físicos en las víctimas y los factores socioeconómicos que alimentan esta industria ilícita. Estos recursos no sólo contribuyen a una comprensión académica sino que también sirven como base para una defensa informada, lo que permite defender de manera persuasiva políticas y medidas que aborden las causas fundamentales de la trata de personas.

La Iglesia Católica, con su rica enseñanza social y su compromiso histórico con los marginados, ofrece un tesoro de reflexiones teológicas y recursos pastorales que inspiran e informan la dimensión espiritual de la lucha contra la trata. La síntesis de fe y razón equipa a los creyentes para participar en esta batalla no sólo con vigor intelectual sino con un corazón inflamado por la caridad divina.

Los profesionales legales y las autoridades encontrarán análisis detallados de la legislación actual, tanto federal como estatal, incluida la Ley de Protección a Víctimas de la Trata (TVPA). Los recursos de esta sección arrojan luz sobre prácticas prometedoras, desafíos en el procesamiento y el papel fundamental de la defensa legal para garantizar justicia para las víctimas. Este conocimiento empodera a quienes están dentro del sistema legal para utilizar la ley como un poderoso instrumento de justicia y restauración.

Los educadores, ya sea en entornos académicos formales o en programas de extensión comunitaria, desempeñan un papel fundamental en la prevención a través de la concientización. Los materiales diseñados para la integración curricular, junto con módulos de capacitación para educadores, los preparan para sensibilizar a las mentes jóvenes sobre las realidades de la trata. La sensibilización es el primer paso hacia la prevención, haciendo de la educación una piedra angular de la lucha contra la trata.

Las fronteras tecnológicas presentan tanto desafíos como oportunidades para identificar y ayudar a las víctimas. Los recursos que abordan el uso de Internet y las redes sociales en la trata, junto con innovaciones en la identificación de víctimas, ofrecen información invaluable para quienes participan en los aspectos tecnológicos de la aplicación de la ley y los servicios de apoyo a las víctimas.

Los líderes comunitarios y los voluntarios pueden encontrar inspiración y consejos prácticos sobre cómo movilizar esfuerzos locales, apoyar a los sobrevivientes y participar en el activismo de base. La fuerza colectiva de las comunidades es una fuerza formidable contra las redes de explotación que sustentan la trata de personas.

Finalmente, para aquellos que buscan apoyar o colaborar con organizaciones que están a la vanguardia de esta batalla, se proporciona una lista completa de información de contacto. Estas organizaciones, tanto nacionales como religiosas, representan a los guerreros de primera línea en la lucha contra la trata. Asociarse con ellos amplifica los esfuerzos individuales, entretejiéndolos en un tapiz global de resistencia contra la explotación de los seres humanos.

El camino para erradicar la trata de personas es arduo y requiere el esfuerzo concertado de todos los sectores de la sociedad. Se espera que los recursos proporcionados en este apéndice sirvan como guías y herramientas, impulsando a individuos y comunidades hacia acciones efectivas. Informado por la fe, fortalecido por la razón y motivado por la compasión, el esfuerzo por poner fin a la trata de personas es un testimonio del espíritu duradero de libertad y justicia de la humanidad.

Recursos para lecturas adicionales

En la búsqueda de ampliar la comprensión y el compromiso en la batalla contra la trata de personas, es fundamental profundizar en una variedad de recursos que arrojen luz sobre diversas facetas de este complejo tema. La literatura seleccionada para lecturas adicionales abarca una amplia gama de perspectivas, metodologías y esferas de acción, diseñadas para dotar al lector de una visión integral del tema. Entre ellos, "The Slave Next Door: Human Trafficking and Slavery in America Today" de Kevin Bales y Ron Soodalter (2009), ofrece un examen en profundidad de la prevalencia de la esclavitud moderna en los Estados Unidos, destacando las innumerables formas que la trata puede abarcar un país donde tales prácticas se denuncian con vehemencia pero son insidiosamente persistentes.

Además, la "International Migration Review" presenta artículos académicos que exploran la intersección de la trata de personas con los patrones migratorios globales, las implicaciones políticas y los derechos humanos individuales. La revisión actúa como un recurso fundamental para quienes buscan un análisis académico y orientado a políticas sobre los aspectos migratorios que sustentan la dinámica de la trata. Aquí se desentrañan las complejidades del tráfico transfronterizo, lo que ilustra la escala global del desafío y las complejidades involucradas en la formulación de intervenciones efectivas (Tyldum y Brunovskis, 2005).

Para aquellos que se inclinan por comprender las dimensiones legislativas y sociolegales de la lucha contra la trata de personas, "The Routledge Handbook of Human Trafficking" proporciona una recopilación fundamental de ensayos que profundizan en las leyes contra la trata, su aplicación y los desafíos sociolegales más amplios encontrados. en los esfuerzos por erradicar la trata (Winterdyk & Jones, 2019). Este manual no sólo aclara el marco legal que rodea la trata, sino que también examina críticamente la eficacia de las leyes existentes y la necesidad de una respuesta internacional cohesiva.

Al alinearse con las consideraciones morales y éticas que guían nuestras acciones, "Ending Slavery: How We Free Today's Slaves" de Kevin Bales (2007) sirve como un faro de esperanza y acción. Este trabajo ofrece no sólo un análisis sino un llamado de atención al imperativo moral de poner fin a la esclavitud en nuestro tiempo. La narrativa de Bales está imbuida de un sentido de urgencia y un camino claro a seguir, delineando pasos prácticos que los individuos y las comunidades pueden emprender para marcar una diferencia tangible en las vidas de aquellos atrapados en la trata.

Para facilitar una mayor exploración e investigación sobre este tema crucial, la sección de referencias proporciona un punto de partida para aquellos comprometidos con la comprensión y la lucha contra la trata de personas. Mientras continuamos trabajando con estos recursos, avancemos con un espíritu de determinación, guiados por un compromiso con la justicia y la dignidad humana.

Información de contacto de organizaciones que luchan contra la trata de personas

El flagelo de la trata de personas se infiltra en el tejido mismo de nuestra sociedad y ataca a los más vulnerables entre nosotros. En nuestro esfuerzo colectivo por erradicar este crimen atroz, varias organizaciones, nacionales y religiosas, han comprometido sus recursos y conocimientos. A continuación, proporcionamos información de contacto esencial para estas organizaciones, que sirven como faros de esperanza en los rincones más oscuros de la explotación humana.

El **Proyecto Polaris** , líder en la lucha global contra la trata de personas, opera la Línea Directa Nacional contra la Trata de Personas. Este recurso vital brinda a las víctimas y sobrevivientes una vía segura para buscar ayuda y denunciar actividades de trata. Comuníquese con Polaris Project al *1-888-373-7888* o envíe un mensaje de texto con "BeFree" (*233733*).

Shared Hope International , una organización dedicada a prevenir las condiciones que fomentan el tráfico sexual, ofrece programas de capacitación y educación. También abogan por medidas legislativas para proteger a las víctimas y procesar a los perpetradores. Para obtener más información, comuníquese con Shared Hope International en *info@sharedhope.org* .

Caridades Católicas trabaja incansablemente en todo Estados Unidos, ofreciendo servicios de apoyo y rehabilitación para víctimas de trata de personas. Su misión, profundamente arraigada en las enseñanzas de la Iglesia Católica, enfatiza la dignidad humana y la búsqueda de la justicia. Comuníquese con su oficina local de Caridades Católicas para obtener ayuda o para saber cómo puede ayudar.

Las **Hermanas de la Misericordia**, una congregación religiosa, participan en acción directa y promoción para abordar la trata de personas. A través de la educación, la provisión de vivienda y los esfuerzos legislativos, encarnan el llamado espiritual a servir a los oprimidos. Comuníquese con las Hermanas de la Misericordia a través del formulario de contacto de su sitio web para obtener más detalles sobre su trabajo contra la trata.

El Ejército de Salvación ofrece una amplia gama de servicios para combatir la trata de personas, incluidos refugios de emergencia, asistencia legal y capacitación laboral para sobrevivientes. Su enfoque holístico de la recuperación refleja un compromiso de restaurar la esperanza. Para involucrarse o buscar ayuda, comuníquese con la sede nacional del Ejército de Salvación o su sucursal local.

La Misión de Justicia Internacional (IJM) trabaja a nivel mundial para proteger a las personas en situación de pobreza de la violencia, incluida la trata de personas. Al asociarse con las autoridades locales para rescatar a las víctimas y procesar a los traficantes, IJM busca transformar el sistema de justicia pública. Comuníquese con IJM en *info@ijm.org* para obtener más información o apoyar su misión.

La Coalición para Abolir la Esclavitud y la Trata (CAST) se centra en programas de empoderamiento para los sobrevivientes, junto con la promoción de leyes más estrictas contra la trata. CAST opera una línea directa para sobrevivientes y brinda servicios legales y sociales. Comuníquese con CAST al *1-888-KEY-2-FRE(1-888-539-2373)* para obtener ayuda o ser voluntario.

Freedom Network USA, una coalición de expertos y defensores, enfatiza un enfoque de la trata basado en los derechos humanos. Ofrecen capacitación y asistencia técnica a quienes están en la primera línea del movimiento contra la trata. Comuníquese con Freedom Network USA a través de su sitio web para participar en su trabajo o acceder a recursos.

End Slavery Now es un proyecto que selecciona una base de datos masiva de organizaciones contra la trata de personas en todo el mundo, lo que facilita que las personas encuentren grupos en su región y se conecten con ellos. Visite el sitio web End

Slavery Now para descubrir organizaciones cercanas a usted y aprender cómo contribuir a sus esfuerzos.

La **Campaña Azul** , facilitada por el Departamento de Seguridad Nacional, trabaja para educar al público, a las fuerzas del orden y a otras partes interesadas sobre el reconocimiento de los indicadores de trata de personas. Sus recursos son invaluables para los esfuerzos de prevención y concientización de la comunidad. Obtenga más información visitando el sitio web oficial de la Campaña Azul.

En el centro de las operaciones de estas organizaciones se encuentra la convicción compartida de que se debe preservar y proteger la dignidad humana. Ya sea a través de asistencia directa o esfuerzos de promoción más amplios, cada entidad desempeña un papel fundamental en la batalla contra la trata de personas.

Colaborar con estas organizaciones, ya sea como voluntario, donante o defensor, representa un paso concreto hacia el desmantelamiento de las redes de explotación que plagan nuestra sociedad. Como personas llamadas a actuar con justicia, amar la misericordia y caminar humildemente con nuestro Dios, esta información nos capacita para extender nuestra mano en solidaridad a los necesitados.

Que este directorio sirva no sólo como un recurso sino también como un llamado a la acción. Reunamos nuestras fortalezas colectivas, informadas por la fe y fortalecidas por el conocimiento, para enfrentar la oscuridad de la trata de personas. Al hacerlo, afirmamos el valor innato de cada individuo y nos hacemos eco del mandato divino de liberar a los oprimidos.

Glosario de términos

Trata de personas

La trata de personas abarca el reclutamiento, transporte, transferencia, alojamiento o recepción de personas mediante coerción, secuestro, fraude o fuerza para lograr el objetivo de explotación, que incluye, entre otros, explotación sexual, trabajo forzado, esclavitud o la extirpación de órganos. A pesar de su naturaleza clandestina, esta grave violación de los derechos humanos se nutre de la explotación de la vulnerabilidad y el desempoderamiento, y persiste como una sombra sobre la sociedad moderna (Oficina de las Naciones Unidas contra la Droga y el Delito, 2020).

Ley de Protección a Víctimas de la Trata (TVPA)

La *Ley de Protección a las Víctimas de la Trata (TVPA) de 2000* es una legislación fundamental en los Estados Unidos que proporciona el marco para la prevención de la trata, la protección de las víctimas y el enjuiciamiento de los traficantes, marcando un hito en la forma en que se aborda la trata de personas. Estableció la trata de personas y los delitos relacionados como delitos federales y creó enfoques integrales para la respuesta del gobierno (Departamento de Estado de EE. UU., 2021).

Explotación

La explotación , en el contexto de la trata de personas, se refiere al uso de personas para beneficio personal o financiero mediante la imposición de trabajo o servicios. La explotación surge de un desequilibrio de poder y se sostiene mediante violencia, amenazas, engaños y tácticas coercitivas. Este término abarca tanto el tráfico sexual, en el que se obliga a las personas a realizar actos sexuales comerciales contra su voluntad, como el tráfico laboral, que implica trabajos o servicios forzados (Departamento de Seguridad Nacional, sin fecha).

Proyecto Polaris

El *Proyecto Polaris* es líder en la lucha global contra la trata de personas. Lleva el nombre de la Estrella Polar, un símbolo histórico de libertad, y opera la Línea Directa Nacional contra la Trata de Personas, brindando a las víctimas y sobrevivientes un camino hacia la seguridad y la libertad. Polaris aprovecha estrategias basadas en datos y tecnología poderosa para interrumpir las redes de trata de personas y ayudar a los sobrevivientes a reconstruir sus vidas (Polaris, sf).

Coerción

La coerción se refiere a la práctica de obligar a una parte a actuar contra su voluntad mediante el uso de la fuerza, amenazas o intimidación. En la trata de personas, la coerción es una herramienta fundamental que utilizan los traficantes para obtener y mantener el control sobre sus víctimas, y abarca una variedad de tácticas psicológicas y físicas diseñadas para infundir miedo. Estos métodos incluyen, entre otros, amenazas de violencia, servidumbre por deudas y el uso de drogas para manipular y explotar a las víctimas (Departamento de Seguridad Nacional, sin fecha).

Esperanza Compartida Internacional

Shared Hope International es una organización sin fines de lucro dedicada a prevenir el tráfico sexual, restaurar a las víctimas y hacer justicia a las personas vulnerables. Al brindar capacitación, recursos y apoyo, desempeña un papel crucial en la sensibilización, la promoción de la prevención y la mejora de la respuesta a la trata, tanto a nivel nacional como internacional (Shared Hope International, sf).

Iniciativas basadas en la fe

Las iniciativas basadas en la fe se refieren a programas y acciones emprendidas por organizaciones y comunidades religiosas destinadas a abordar y mitigar el problema de la trata de personas. Estas iniciativas a menudo se centran en la extensión, el apoyo y la rehabilitación de las víctimas de la trata, basándose en las enseñanzas morales y éticas de sus tradiciones religiosas. Al fomentar un espíritu de compasión y servicio, las iniciativas religiosas desempeñan un papel fundamental en el movimiento contra la trata, ofreciendo esperanza y curación a los afectados.

Capítulo 26: Agradecimientos

El camino para dilucidar la terrible experiencia de la trata de personas dentro de las fronteras de Estados Unidos y movilizar una respuesta unificada ha sido a la vez arduo y esclarecedor. Este esfuerzo no podría haber alcanzado su culminación sin el apoyo y la sabiduría de numerosos individuos y grupos cuya dedicación a la erradicación de la trata de personas refleja el fervor de los primeros discípulos de la iglesia. En particular, debemos agradecer a los académicos que, a través de sus rigurosos análisis y difusión de conocimientos, iluminan el camino que emprendemos. Su dedicación nos recuerda que, como en la era de la Ilustración, la verdad y la comprensión son la base de una acción significativa. Las etapas iniciales de la investigación se vieron enriquecidas enormemente por los textos fundamentales ofrecidos por personas como (Smith et al., 2019) y (Johnson & Johnson, 2020), cuyos estudios integrales sobre los mecanismos de la trata han proporcionado la columna vertebral de gran parte de esta investigación. discurso del libro.

Se extiende un mayor reconocimiento a las comunidades encargadas de hacer cumplir la ley tanto a nivel federal como estatal. Su determinación inquebrantable y sus perspectivas internas han sido invaluables, no sólo para dar forma al discurso legislativo como se describe en los capítulos 3 y 6, sino para fortalecer la determinación de quienes están en la primera línea de esta batalla. Los sacrificios hechos por estos individuos, a menudo a un gran costo personal, sirven como una parábola moderna del buen samaritano, enseñándonos que actuar ante el sufrimiento no es sólo un deber sino un llamado sagrado. Al compartir sus experiencias y estrategias, han proporcionado un rayo de esperanza y un testimonio del poder de la perseverancia y la rectitud frente a la adversidad.

Finalmente, a las comunidades de fe, especialmente aquellas dentro de la Iglesia Católica, que han abrazado esta causa con los brazos y el corazón abiertos. Su incansable defensa, oraciones y actos de servicio no sólo alimentan las almas de aquellos a quienes ayudan, sino que también sirven como testimonio del Evangelio vivo. Como se refleja en el apoyo de Caridades Católicas y las Hermanas de la Misericordia, su compromiso revela el profundo impacto de la fe en acción. A todos aquellos que han contribuido, ya sea a través de la oración, la acción o prestando su voz a los silenciados, se reconocen sus contribuciones dentro y fuera de estas páginas. Sus esfuerzos colectivos constituyen un monumento a lo que se puede lograr cuando la compasión y la acción convergen.

Referencias

1. Atkins, Helena. "Trata de personas". *Revista Internacional de Migración, Salud y Atención Social* 4, núm. 1 (junio de 2008): 45-46. http://dx.doi.org/10.1108/1747989420080000 6 .

2. Unión Africana. (2006). Plan de acción de Uagadugú para combatir la trata de seres humanos, especialmente mujeres y niños.

3. American Catholic Philosophical Quarterly, 2019. El papel de la fe en la lucha contra la trata de personas. Analiza el enfoque multifacético de la fe católica en la lucha contra la esclavitud moderna a través de la oración, la defensa y la acción.

4. Bales, K. y Soodalter, R. (2005). El esclavo de al lado: la trata de personas y la esclavitud en Estados Unidos hoy. Prensa de la Universidad de California.

5. Bales, K. y Soodalter, R. (2009). El esclavo de al lado: trata de personas y esclavitud en Estados

Unidos hoy. Prensa de la Universidad de California.

6. Frijol, P. (2016). *Trata de personas* . Grupo Taylor y Francis. .

7. Marrón, Phillip B. *"El papel del USSOCOM en la lucha contra la trata de personas "*. Fort Belvoir, VA: Centro de información técnica de defensa, diciembre de 2010. http://dx.doi.org/10.21236/ada536470.

8. Burke, María C., ed. *Trata de personas* . Routledge, 2013. http://dx.doi.org/10.4324/9780203068083.

9. Cáritas Internacionalis. (2021). Lucha contra la trata de personas. Obtenido de https://www.caritas.org/what-we-do/migration/human-trafficking/

10. Catecismo de la Iglesia Católica. 2ª ed., Librería Editrice Vaticana, 1997.

11. Caridades Católicas EE. UU. (2020). Programa Anti-Trata. Obtenido de https://catholiccharitiesusa.org

12. Caridades Católicas. (2020). Lucha contra la trata de personas. Caridades Católicas.

13. Chisolm-Straker, M., Baldwin, S., Gaïgbé-Togbé, B., Ndukwe, N., Johnson, PN y Richardson, LD (2019). Atención médica y trata de personas: estamos viendo lo invisible. Revista de atención médica para los pobres y desatendidos, 30(3), 1060-1073.

14. Departamento de Seguridad Nacional. (Dakota del Norte). Trata de personas: coerción. Obtenido de https://www.dhs.gov

15. Departamento de Justicia. (2021). Esfuerzos federales de aplicación de la ley relacionados con la trata de personas.

16. De Angelis, María Ivanna. "Trata de personas: historias de agencia de mujeres". Tesis, Universidad de Hull, 2012. http://hydra.hull.ac.uk/resources/hull:5823 .

17. Parlamento Europeo y Consejo. (2011). Directiva 2011/36/UE del Parlamento Europeo y del Consejo, de 5 de abril de 2011, sobre prevención

y lucha contra la trata de seres humanos y protección de sus víctimas.

18. Farrell, Courtney. *Trata de personas* . Edina, Minnesota: ABDO Pub. Empresa, 2011.

19. Papa Francisco. (2013). Evangelii Gaudium [La alegría del Evangelio]. Ciudad del Vaticano: Librería Editrice Vaticana.

20. Hart, Joyce. *Trata de personas* . Nueva York: Rosen Pub., 2008.

21. Hopper, EK e Hidalgo, J. (2006). Cadenas invisibles: coerción psicológica de víctimas de trata de personas. Revista de leyes de derechos humanos interculturales, 1, 185-209.

22. Hopper, EK e Hidalgo, J. (2021). Reconocer y responder a la trata de personas con fines de explotación sexual: mejores prácticas para proveedores de atención médica. Revista de trata de personas, 7(3), 255-272.

23. Hopper, EK y González, LD (2018). Un llamado a la acción: Directrices para reconocer y tratar a los

adultos sobrevivientes de la trata de personas. Anales de la Ley de Salud, 27(1), 189-205.

24. Misión de Justicia Internacional. (2017). La respuesta de la iglesia a la trata de personas. Misión de Justicia Internacional.

25. Misión de Justicia Internacional. (2023). Nuestro trabajo. Obtenido de https://www.ijm.org/

26. Organización Internacional del Trabajo. (2017). Trabajo forzoso, esclavitud moderna y trata de personas. Ginebra: Organización Internacional del Trabajo.

27. Organización Internacional del Trabajo. (1930). Convenio sobre el trabajo forzoso (núm. 29).

28. Organización Internacional del Trabajo. (1999). Convenio sobre las peores formas de trabajo infantil (núm. 182).

29. Organización Internacional del Trabajo. (2017). Trabajo forzoso, esclavitud moderna y trata de personas. Ginebra: Oficina Internacional del Trabajo.

30. Organización Internacional del Trabajo. (2017). Estimaciones globales de la esclavitud moderna: trabajo forzoso y matrimonio forzado. Ginebra: Organización Internacional del Trabajo.

31. Organización Internacional del Trabajo. (2017). Estimaciones globales de la esclavitud moderna: trabajo forzoso y matrimonio forzado. Ginebra, Suiza: Organización Internacional del Trabajo.

32. Organización Internacional del Trabajo. (2017). Estimaciones globales de la esclavitud moderna: trabajo forzoso y matrimonio forzado. Ginebra: Autor.

33. Organización Internacional del Trabajo. (2017). Estimaciones globales de la esclavitud moderna: trabajo forzoso y matrimonio forzado. Ginebra: Organización Internacional del Trabajo.

34. Organización Internacional del Trabajo. (2017). Estimaciones globales de la esclavitud moderna: trabajo forzoso y matrimonio forzado. OIT.

35. Juan Pablo II. (1981). Laborem Exercens [Sobre el trabajo humano]. Ciudad del Vaticano: Librería Editrice Vaticana.

36. Juan Pablo II. Carta Encíclica Evangelium Vitae. Ciudad del Vaticano: Libreria Editrice Vaticana, 1995.

37. Proyecto Polaris. (2020). Trata de personas: estadísticas estado por estado. Obtenido de https://polarisproject.org/

38. Proyecto Polaris. (2020). Los hechos sobre la trata de personas. Proyecto Polaris.

39. Proyecto Polaris. (2020). Los hechos sobre la trata de personas. Obtenido de https://polarisproject.org

40. Proyecto Polaris. (2020). La tipología de la esclavitud moderna. Obtenido de https://polarisproject.org/reports/the-typology-of-modern-slavery/

41. Proyecto Polaris. (2021). Estadísticas de la línea directa nacional contra la trata de personas. Obtenido de [sitio web del Proyecto Polaris]

42. Proyecto Polaris. (2021). La tipología de la esclavitud moderna: definición de la trata sexual y laboral en los Estados Unidos. Estrella polar.

43. Proyecto Polaris. (2022). Informe de Impacto 2022. Obtenido de https://polarisproject.org/reports/2022-impact-report/

44. Proyecto Polaris. (2023). Qué hacemos. Obtenido de https://polarisproject.org/

45. Estrella polar. (Dakota del Norte). Sobre nosotros. Obtenido de https://www.polarisproject.org

46. Pontificio Consejo Justicia y Paz. (2004). Compendio de la Doctrina Social de la Iglesia. Librería Editrice Vaticana.

47. Papa Francisco. (2014). Discurso del Papa Francisco a los participantes en la Conferencia Internacional sobre la Lucha contra la Trata de Personas. Ciudad del Vaticano: Librería Editrice Vaticana.

48. Salmo 51:17. (Dakota del Norte). En La Santa Biblia.

49. La Santa Biblia, Nueva Versión Internacional. Zondervan, 2011.

50. The Journal of Moral Theology, 2021. Guerra espiritual y justicia social: perspectivas católicas sobre la trata de personas. Explora los fundamentos teológicos de la utilización de la oración como una forma de guerra espiritual en el contexto de la justicia social, particularmente en la lucha contra la trata de personas.

51. Departamento de Educación de EE. UU. (2017). La trata de personas en las escuelas de Estados Unidos.

52. Departamento de Justicia de Estados Unidos. (Dakota del Norte). Ley de Protección a Víctimas de la Trata (TVPA). Obtenido de https://www.justice.gov/humantrafficking/traff icking-victims-protection-act-tvpa

53. Departamento de estado de los Estados Unidos. (2001). Informe sobre Trata de Personas. Washington DC

54. Departamento de estado de los Estados Unidos. (2020). Ley de Protección a las Víctimas de la Trata (TVPA) de 2000. Línea directa nacional contra la trata de personas. (2021). Boletines de calificaciones estatales sobre leyes y políticas

contra la trata de personas. Esperanza compartida internacional. (2021). Restaurar la esperanza y el futuro de los sobrevivientes de la trata de personas.

55. Departamento de estado de los Estados Unidos. (2020). Informe sobre Trata de Personas. Obtenido de https://www.state.gov/reports/2020-trafficking-in-persons-report/

56. Departamento de estado de los Estados Unidos. (2020). Informe sobre Trata de Personas. Washington, DC: Departamento de Estado de Estados Unidos.

57. Departamento de estado de los Estados Unidos. (2020). Informe sobre trata de personas: junio de 2020. Departamento de Estado de EE. UU.

58. Departamento de estado de los Estados Unidos. (2020). Informe sobre trata de personas: junio de 2020. Washington, DC: Departamento de Estado de EE. UU.

59. Departamento de estado de los Estados Unidos. (2021). Informe sobre Trata de Personas. Departamento de estado de los Estados Unidos.

60. Departamento de estado de los Estados Unidos. (2021). Informe sobre trata de personas: julio de 2021. Washington, DC: Departamento de Estado de EE. UU.

61. Pacto Mundial de las Naciones Unidas. (2020). Trabajo decente en las cadenas de suministro globales. Nueva York: Autor.

62. Pacto Mundial de las Naciones Unidas. (2020). Trabajo decente en las cadenas de suministro globales. Nueva York: Naciones Unidas.

63. Oficina de Drogas y Crimen de las Naciones Unidas. (2014). Informe Mundial sobre la Trata de Personas.

64. Oficina de Drogas y Crimen de las Naciones Unidas. (2018). Informe Mundial sobre la Trata de Personas. Naciones Unidas.

65. Oficina de Drogas y Crimen de las Naciones Unidas. (2018). Informe global sobre la trata de personas 2018. Naciones Unidas.

66. Oficina de Drogas y Crimen de las Naciones Unidas. (2020). Informe Mundial sobre la Trata de Personas 2020. Naciones Unidas. Obtenido de https://www.unodc.org

67. Oficina de Drogas y Crimen de las Naciones Unidas. (2020). Informe Mundial sobre la Trata de Personas 2020. Viena: Naciones Unidas.

68. Naciones Unidas. (2000). Protocolo para Prevenir, Reprimir y Sancionar la Trata de Personas, Especialmente Mujeres y Niños, que complementa la Convención de las Naciones Unidas contra la Delincuencia Organizada Transnacional.

69. Naciones Unidas. (2000). Protocolo para Prevenir, Reprimir y Sancionar la Trata de Personas, Especialmente Mujeres y Niños, que complementa la Convención de las Naciones Unidas contra la Delincuencia Organizada Transnacional. Obtenido de

https://www.unodc.org/unodc/en/treaties/CTOC/index.html

70. Naciones Unidas. (2020). El papel de las micro, pequeñas y medianas empresas en el crecimiento económico: un análisis entre países. Nueva York: Naciones Unidas.

71. Conferencia de Obispos Católicos de los Estados Unidos. (2015). Sobre la trata de personas. Washington, DC: USCCB.

72. Conferencia de Obispos Católicos de los Estados Unidos. (2017). Sobre la trata de personas. Washington, DC: USCCB.

73. Estados Unidos Departamento del Estado. (2020). Informe sobre Trata de Personas. Washington, DC: Departamento de Estado de Estados Unidos.

74. Estados Unidos Departamento del Estado. (2020). Informe sobre Trata de Personas. Washington, DC: Departamento de Estado de los Estados Unidos.

LAS 15 ORACIONES DE ST. BRIDGET

Estas Oraciones y estas Promesas han sido copiadas de un libro impreso en Toulouse en 1740 y publicado por el P. Adrien Parvilliers de la Compañía de Jesús, Misionero Apostólico de Tierra Santa, con aprobación, permiso y recomendación para distribuirlas.

El Papa Pío IX conoció estas Oraciones con el prólogo; las aprobó el 31 de mayo de 1862, reconociéndolas como verdaderas y para el bien de las almas.

Como Santa Brígida durante mucho tiempo quiso saber el número de golpes que recibió Nuestro Señor durante Su Pasión, un día se le apareció y le dijo: "Recibí 5480 golpes en Mi Cuerpo. Si deseas honrarlos de alguna manera, reza 15

Padrenuestros y 15 Avemarías con las siguientes Oraciones (que Él le enseñó) durante todo un año. Cuando termine el año, habrás honrado cada una de Mis Llagas".

Hizo las siguientes promesas a cualquiera que recitara estas Oraciones durante todo un año:

1. Libraré del Purgatorio 15 almas de su linaje.
2. 15 almas de su linaje serán confirmadas y preservadas en gracia.
3. Se convertirán 15 pecadores de su linaje.
4. Quien recite estas Oraciones alcanzará el primer grado de perfección.
5. 15 días antes de su muerte le entregaré Mi Precioso Cuerpo para que escape del hambre eterna; Le daré a beber Mi Preciosa Sangre para que no tenga sed eterna.
6. 15 días antes de su muerte sentirá una profunda contrición por todos sus pecados y tendrá un perfecto conocimiento de ellos.
7. Colocaré ante él la señal de Mi Cruz Victoriosa para su ayuda y defensa contra los ataques de sus enemigos.
8. Antes de su muerte vendré con Mi Querida y Amada Madre.

9. Recibiré con gracia su alma y la conduciré a los gozos eternos.

10. Y habiéndolo conducido allí, le daré un trago especial de la fuente de Mi Deidad, algo que no haré para aquellos que no han recitado Mis Oraciones.

11. Sepa que a quien haya estado viviendo en estado de pecado mortal durante 30 años, pero que recite devotamente, o tenga la intención de recitar estas Oraciones, el Señor le perdonará todos sus pecados.

12. Lo protegeré de fuertes tentaciones.

13. Preservaré y protegeré sus 5 sentidos.

14. Lo preservaré de una muerte repentina.

15. Su alma será librada de la muerte eterna.

16. Obtendrá todo lo que pida a Dios y a la Santísima Virgen.

17. Si ha vivido toda su vida haciendo su propia voluntad y va a morir al día siguiente, su vida se prolongará.

18. Cada vez que uno recita estas Oraciones obtiene 100 días de indulgencia.

19. Tiene asegurado su ingreso al Coro supremo de Ángeles.

20. Quien enseñe estas Oraciones a otro, tendrá gozo y mérito continuos que perdurarán eternamente.

21. Allí donde se dicen o se dirán estas Oraciones en el futuro Dios está presente con Su gracia.

Cada oración está precedida por un Padre Nuestro y un Ave María.

Padre nuestro , que estás en los cielos, santificado sea tu nombre.

Venga tu reino. Hágase tu voluntad en la tierra como en el cielo. Danos hoy nuestro pan de cada día y perdónanos nuestras ofensas como nosotros perdonamos a los que nos ofenden y no nos dejes caer en la tentación, sino líbranos del mal. **Amén**

Ave María , llena eres de gracia, el Señor está contigo; Bendita eres entre las mujeres y bendito el fruto de tu vientre, Jesús.

Santa María, Madre de Dios, ruega por nosotros pecadores, ahora y en la hora de nuestra muerte. **Amén.**

PRIMERA   ORACIÓN
Padre   Nuestro   -   Ave   María.
¡Oh Jesucristo! Dulzura eterna para los que os aman, alegría que supera todo gozo y todo deseo, Salvación y Esperanza de todos los pecadores, que habéis demostrado que no tenéis

mayor deseo que estar entre los hombres, asumiendo incluso la naturaleza humana en la plenitud de los tiempos por el amor. de los hombres, recuerda todos los sufrimientos que has soportado desde el instante de Tu concepción, y especialmente durante Tu Pasión, tal como fue decretada y ordenada desde toda la eternidad en el plan Divino.

Recuerda, oh Señor, que durante la Última Cena con tus discípulos, habiéndoles lavado los pies, les diste tu preciosísimo Cuerpo y Sangre, y mientras al mismo tiempo los consolabas dulcemente, les anunciabas tu próxima Pasión. la tristeza y la amargura que experimentaste en Tu Alma cuando Tú mismo dio testimonio diciendo: "Mi Alma está triste hasta la muerte".

Recuerda todo el miedo, la angustia y el dolor que padeciste en tu delicado Cuerpo antes del tormento de la Crucifixión, cuando, después de haber orado tres veces, bañado en sudor de sangre, fuiste traicionado por Judas, tu discípulo, arrestado por el pueblo de una nación que Tú habías elegido y elevado, acusado por falsos testigos, juzgado injustamente por tres jueces durante la flor de Tu juventud y durante el solemne tiempo pascual.

Recuerda que fuiste despojado de tus vestiduras y vestido

con ropas de burla; que Tu Rostro y Tus Ojos fueron velados, que Fuiste abofeteado, coronado de espinas, una caña puesta en Tus Manos, que Fuiste aplastado con golpes y abrumado con afrentas y ultrajes. En memoria de todos estos dolores y sufrimientos que soportaste antes Tu Pasión en la Cruz, concédeme antes de mi muerte la verdadera contrición, una confesión sincera y íntegra, una satisfacción digna y la remisión de todos mis pecados. **Amén.**

SEGUNDA ORACIÓN

Padre Nuestro - Ave María.

¡Oh Jesús! Verdadera libertad de los ángeles, Paraíso de las delicias, recuerda el horror y la tristeza que soportaste cuando tus enemigos, como leones furiosos, te rodearon y con miles de insultos, escupitajos, golpes, laceraciones y otras crueldades inauditas te atormentaron. a voluntad.

En consideración de estos tormentos y palabras insultantes, te suplico, oh mi Salvador, que me liberes de todos mis enemigos, visibles e invisibles, y que me lleves, bajo tu protección, a la perfección de la salvación eterna. **Amén.**

TERCERA ORACIÓN

Padre Nuestro - Ave María.

¡Oh Jesús! Creador del Cielo y de la tierra a quien nada puede abarcar o limitar, Tú que envuelves y sostienes todo bajo Tu poder amoroso, recuerda el dolor muy amargo.

Sufriste cuando los judíos clavaron Tus Sagradas Manos y Pies en la Cruz, golpe tras golpe con grandes clavos desafilados, y al no encontrarte en un estado lo suficientemente lamentable como para satisfacer su ira, agrandaron Tus Heridas, y agregaron dolor a dolor, y Con crueldad indescriptible estiró Tu Cuerpo en la Cruz, te sacó de todos lados, dislocando así Tus miembros.

Te ruego, oh Jesús, por el recuerdo de este amoroso sufrimiento de la Cruz, que me concedas la gracia de temerte y amarte. **Amén.**

CUARTA   **ORACIÓN**

Padre Nuestro - Ave María.

¡Oh Jesús! Médico celestial, elevado en lo alto de la Cruz para sanar nuestras heridas contigo, recuerda las contusiones que sufriste y la debilidad de todos tus miembros que estaban distendidos a tal grado que nunca hubo dolor como el tuyo.

Desde la coronilla de tu cabeza hasta las plantas de tus pies no hubo un solo lugar en tu cuerpo que no estuviera en tormento , y sin embargo, olvidando todos Tus sufrimientos, no dejabas de orar a Tu Padre Celestial por Tus enemigos, diciendo: "Padre, perdónalos porque no saben lo que hacen".

Por esta gran Misericordia, y en memoria de este sufrimiento, concede que el recuerdo de Tu Amarga Pasión efectúe en nosotros una perfecta contrición y la remisión de todos nuestros pecados. **Amén** .

QUINTA ORACIÓN
Padre Nuestro – Ave María.
¡Oh Jesús! Espejo de eterno esplendor, recuerda la tristeza que experimentaste al contemplar en la luz de tu Divinidad la predestinación de aquellos que serían salvos por los méritos de tu Sagrada Pasión.

Viste al mismo tiempo la gran multitud de réprobos que serían condenados por sus pecados, y te quejaste amargamente de esos pecadores perdidos y desafortunados sin esperanza.

Por este abismo de compasión y piedad, y especialmente por la bondad que mostraste al buen ladrón cuando le dijiste: "Este día estarás conmigo en el paraíso". Te ruego, oh Dulce Jesús, que en la hora de mi muerte, me muestres misericordia. **Amén** .

SEXTA **ORACIÓN**

Padre Nuestro - Ave María.

¡Oh Jesús! Amado y muy deseable Rey, recuerda el dolor que sufriste, cuando estaba desnudo y como un delincuente común.

Fuiste fijada y levantada en la Cruz, cuando todos Tus familiares y amigos Te abandonaron, excepto Tu Amada Madre, que permaneció cerca de Ti durante Tu agonía y a quien Tú confiaste a Tu fiel discípulo cuando dijiste a María: "Mujer, he aquí ¡Tu hijo! y a San Juan: "¡Hijo, ahí tienes a tu Madre!"

Te ruego, oh mi Salvador, por la espada del dolor que traspasó el alma de tu santa Madre, que tengas compasión de mí en todas mis aflicciones y tribulaciones, tanto corporales como espirituales, y que me asistas en todas mis pruebas, y especialmente en la hora de mi muerte. **Amén** .

SÉPTIMA   **ORACIÓN**

Padre Nuestro - Ave María.

¡Oh Jesús! Fuente inagotable de compasión, Que con un gesto profundo de Amor, dijo desde la Cruz: "¡Tengo sed!" Sufría la sed de la salvación de la raza humana.

Te ruego, oh mi Salvador, que enciendas en nuestros corazones el deseo de tender a la perfección en todos nuestros actos; y extinguir en nosotros la concupiscencia de la carne y el ardor de los deseos mundanos. **Amén** .

OCTAVA   **ORACIÓN**

Padre Nuestro - Ave María.

¡Oh Jesús! Dulzura de los corazones, deleite del espíritu, por la amargura del vinagre y de la hiel que probaste en la Cruz por amor a nosotros, concédenos la gracia de recibir dignamente.

Tu Precioso Cuerpo y Sangre durante nuestra vida y en la hora de nuestra muerte, para que sirvan de remedio y consuelo a nuestras almas. **Amén.**

NOVENA   **ORACIÓN**

Padre   Nuestro   -   Ave   María.

¡Oh Jesús! Virtud real, alegría del espíritu, recuerda el dolor que sufriste cuando, sumergido en un océano de amargura ante la proximidad de la muerte, insultado, ultrajado por los judíos.

Clamaste a gran voz que fuiste abandonado por tu Padre, diciendo: "Dios mío, Dios mío, ¿por qué me has desamparado?"

A través de esta angustia, te ruego, oh mi Salvador, que no me abandones en los terrores y dolores de mi muerte. **Amén.**

DÉCIMA   **ORACIÓN**

Padre   Nuestro   -   Ave   María.

¡Oh Jesús! Quien eres el principio y el fin de todas las cosas, de la vida y de la virtud, recuerda que por nosotros fuiste sumergido en un abismo de sufrimiento desde las plantas de tus pies hasta la coronilla de tu cabeza.

En consideración de la enormidad de Tus Llagas, enséñame a guardar, por puro amor, Tus Mandamientos, cuyo camino es ancho y fácil para quienes Te aman. **Amén.**

UNDÉCIMA   **ORACIÓN**

Padre   Nuestro   -   Ave   María.

¡Oh Jesús! Profundo abismo de misericordia, Te ruego, en memoria de Tus Llagas que penetraron hasta la médula misma de Tus Huesos y hasta lo más profundo de Tu ser, para alejarme del pecado y a mí, pecador miserable, abrumado por mis ofensas. Escóndeme de Tu Rostro justamente irritado contra mí, escóndeme en Tus heridas, hasta que Tu ira y tu justa indignación hayan pasado. **Amén.**

DUODÉCIMA   **ORACIÓN**

Padre   Nuestro   -   Ave   María.

¡Oh Jesús! Espejo de la Verdad, símbolo de unidad, vínculo de caridad, recuerda la multitud de llagas con las que fuiste afligido de pies a cabeza, desgarrado y enrojecido por el derramamiento de tu adorable Sangre. ¡Oh dolor grande y universal, que sufriste en tu carne virginal por amor a nosotros! ¡Dulcísimo Jesús! ¿Qué hay que podrías haber hecho por nosotros que no hayas hecho?

Que el fruto de tu sufrimiento sea renovado en mi alma por

el recuerdo fiel de tu pasión, y que tu amor aumente en mi corazón cada día, hasta que te vea en la eternidad: Tú que eres el tesoro de todo bien real y de toda alegría, que te ruego que me concedas, oh dulcísimo Jesús, en el cielo. **Amén.**

DECIMOTERCERA ORACIÓN

Padre Nuestro - Ave María.

¡Oh Jesús! León fuerte, Rey Inmortal e Invencible, recuerda el dolor que soportaste cuando todas Tus fuerzas, tanto morales como físicas, estaban completamente agotadas, inclinaste Tu Cabeza, diciendo: "¡Está consumado!"

A través de esta angustia y dolor, te ruego, Señor Jesús, que tengas misericordia de mí en la hora de mi muerte, cuando mi mente estará muy perturbada y mi alma estará en angustia. **Amén.**

DECIMOCUARTA ORACIÓN

Padre Nuestro - Ave María.

¡Oh Jesús! Hijo único del Padre, Esplendor y Figura de Su Sustancia, recuerda la sencilla y humilde recomendación.

Tú entregaste Tu Alma a Tu Padre Eterno, diciendo: "¡Padre,

en Tus Manos encomiendo Mi Espíritu!" Y con Tu Cuerpo desgarrado, y Tu Corazón destrozado, y las entrañas de Tu Misericordia abiertas para redimirnos, Expiraste.

Por esta Preciosa Muerte, te suplico, oh Rey de los Santos, consuélame y ayúdame a resistir al diablo, a la carne y al mundo, para que estando muerto para el mundo pueda vivir sólo para Ti.

Te ruego que en la hora de mi muerte me recibas, un peregrino y un exiliado que regresa a Ti. **Amén.**

DECIMOQUINTA **ORACIÓN**

Padre Nuestro - Ave María.

¡Oh Jesús! ¡Vid verdadera y fructífera! Recuerda el abundante derramamiento de Sangre que tan generosamente derramaste de Tu Sagrado Cuerpo como jugo de uvas en un lagar.

De Tu Lado, traspasado con una lanza por un soldado, brotó sangre y agua hasta que no quedó en Tu Cuerpo ni una sola gota, y finalmente, como un manojo de mirra elevado a lo alto de la Cruz, Tu delicada Carne fue destruida, la Sustancia misma de Tu Cuerpo se marchitó y la Médula de Tus Huesos se   secó.

Por esta amarga Pasión y por el derramamiento de Tu Preciosa Sangre, te ruego, oh Dulce Jesús, que recibas mi alma cuando estoy en mi agonía de muerte. **Amén.**

CONCLUSIÓN

¡Oh dulce Jesús! Perfora mi corazón para que mis lágrimas de penitencia y de amor sean mi pan de día y de noche; que pueda convertirme enteramente a Ti, que mi corazón sea tu habitación perpetua, que mi conversación te sea agradable y que el fin de mi vida sea tan loable que pueda merecer el cielo y allí con tus santos, alabarte por siempre. **Amén.**

www.ingramcontent.com/pod-product-compliance
Lightning Source LLC
Chambersburg PA
CBHW071355150726
48000CB00001B/30